Jack Welch
e Suzy Welch

O MBA da vida real

Jack Welch
e Suzy Welch

O MBA da vida real

Como entender as **regras do jogo**, liderar uma **equipe de sucesso** e vencer os **desafios**

Tradução
Beatriz Medina

RIO DE JANEIRO, 2023

Copyright © 2015 por Jack e Suzy Welch
Copyright da tradução © 2023 por Casa dos Livros Editora LTDA. Todos os direitos reservados.
Título original: *The Real-Life MBA*

Todos os direitos desta publicação são reservados à Casa dos Livros Editora LTDA.
Nenhuma parte desta obra pode ser apropriada e estocada em sistema de banco de dados
ou processo similar, em qualquer forma ou meio, seja eletrônico, de fotocópia, gravação etc.,
sem a permissão do detentor do copyright.

Diretora editorial: *Raquel Cozer*

Gerente editorial: *Alice Mello*

Editora: *Lara Berruezo*

Editoras assistentes: *Anna Clara Gonçalves e Camila Carneiro*

Assistência editorial: *Yasmin Montebello*

Copidesque: *Marcela Isensee*

Revisão: *Pérola Gonçalves e Lui Navarro*

Design de capa: *Guilherme Peres*

Diagramação: *Abreu's System*

CIP-Brasil. Catalogação na Publicação
Sindicato Nacional dos Editores de Livros, RJ

Welch, Suzy
    O MBA da vida real : como entender as regras do jogo, liderar
uma equipe de sucesso e vencer os desafios / Suzy Welch, Jack Welch ;
tradução Beatriz Medina. – 1. ed. – Rio de Janeiro : HarperCollins
Brasil, 2023.

    Tradução de: The Real-Life MBA
    ISBN 978-65-5511-514-7

    1. Ficção norte-americana I. Welch, Jack. II. Título.

23-145699   CDD: 813

Os pontos de vista desta obra são de responsabilidade de seu autor, não refletindo necessariamente a posição da HarperCollins Brasil, da HarperCollins Publishers ou de sua equipe editorial.

HarperCollins Brasil é uma marca licenciada à Casa dos Livros Editora LTDA.
Todos os direitos reservados à Casa dos Livros Editora LTDA.
Rua da Quitanda, 86, sala 218 — Centro
Rio de Janeiro, RJ — CEP 20091-005
Tel.: (21) 3175-1030
www.harpercollins.com.br

SUMÁRIO

INTRODUÇÃO 7

A QUESTÃO É O JOGO

1. TIRE A ROTINA DO JOGO 15

2. APANHAR — E MELHORAR 31

3. É PRECISO CRESCER 44

4. GLOBALIZAÇÃO: É COMPLICADO 57

5. MEDO DAS FINANÇAS... CHEGA DISSO 67

6. COMO ENTENDER O MARKETING 78

7. GESTÃO DE CRISE: BEM-VINDO AO COLISEU 92

A QUESTÃO É O TIME

8. LIDERANÇA 2.0 101

9. MONTAR UMA EQUIPE "UAU" 114

10. GÊNIOS, VAGABUNDOS E LADRÕES 125

A QUESTÃO É VOCÊ

11. O QUE DEVO FAZER COM MINHA VIDA?   *141*

12. DESPRENDA-SE   *153*

13. SÓ ACABA QUANDO TERMINA   *166*

AGRADECIMENTOS   *174*

INTRODUÇÃO

OLÁ E PARABÉNS. Parabéns por adquirir.

Não, não por adquirir este livro, embora estejamos muito contentes com isso.

Parabéns por adquirir o entendimento de que ninguém faz negócios sozinho.

Os negócios são o verdadeiro esporte em equipe. O tamanho da empresa não faz diferença: cinco pessoas, cinco mil, 150 mil, para essa questão. Não importa se fica em Gary, Indiana, e produz aço, ou se está em Palo Alto escrevendo códigos. Não importa se você está há três dias no primeiro emprego em um cubo sem janelas a dez mil anos-luz de onde as coisas acontecem ou se comanda a coisa toda em uma sala de esquina no 45º andar do edifício-sede.

Os negócios não têm a ver com "eu". Têm a ver com "nós".

Eles têm a ver com "vou pegar todos os conselhos, ideias e ajuda que puder".

É aí que entram nossos parabéns. Se está lendo *O MBA da vida real*, imaginamos que você esteja conosco nessa. Quando se trata de negócios, nunca paramos de aprender. Os negócios são vastos demais, multifacetados demais, imprevisíveis demais, tecnológicos demais, humanos demais, globais demais, locais demais, *tudo* demais para alguém dizer: "Já fui lá, já fiz isso". Por favor, ainda estamos aprendendo, e, cá entre nós, estamos no ramo há 81 anos combinados, e os últimos dez são os que mais expandiram nossa mente.

Sim, os últimos dez anos foram quase todos de aprendizado para nós, e eis o porquê. Depois do lançamento de nosso livro *Paixão por vencer*, em 2005, pegamos a estrada e começamos uma década de palestras, escrita, ensino e consultoria que nos levou para dentro de dezenas de empresas, cada uma delas enfrentando desafios fascinantes referentes ao mercado e à administração. Trabalhamos com um empreendedor da China que estava montando uma empresa para conectar negócios estrangeiros a fabricantes locais, uma vinícola no Chile que fazia a transição para deixar de ser uma empresa familiar e um projeto aeroespacial recém-criado em Phoenix que tentava descobrir como e quando abrir seu capital. Essas experiências, e muitas outras, foram janelas para o âmago das dificuldades e oportunidades de negócios do mundo de hoje. Ao mesmo tempo, nossas palestras para mais de um milhão de pessoas, principalmente em sessões de perguntas e respostas, nos permitem ouvir o tempo todo o que os homens e as mulheres de negócios realmente pensam e com o que se preocupam. Soma-se a isso o trabalho que um de nós (Jack) vem fazendo com *private equity* e consultoria para CEOs desde 2002 para avaliar, guiar e cultivar dezenas de empresas, em setores que vão da assistência médica ao tratamento de água e ao namoro pela internet. Finalmente, foi nesse período que lançamos com sucesso nosso próprio MBA online, o Jack Welch Management Institute, na Strayer University, hoje com quase três mil alunos formados. Suas experiências ricas e variadas como profissionais ativos do mundo inteiro ampliaram, aprofundaram e configuraram nosso entendimento dos negócios atual de uma maneira nova e empolgante.

Se sabíamos algo sobre negócios quando escrevemos *Paixão por vencer*, o fato é que sabemos mais agora. Mais do que é relevante. Porque os negócios mudaram, e tivemos a sorte de estar no meio de tudo. Isso não é dizer que o que aprendemos na década passada anulou os princípios e práticas de *Paixão por vencer*; muito pelo contrário. Mas o que aprendemos desde 2005 expandiu, atualizou e aumentou esses princípios, em alguns casos só um pouquinho; em outros, de forma radical.

Na verdade, este é um momento radical. É um momento *empolgante*. Claro, de certo modo, é mais difícil do que nunca fazer negócios. Isso é inegável. Hoje, a economia não cresce tanto quanto já cresceu, para dizer o mínimo; em toda parte, os governos são mais invasivos; a concorrência global é mais feroz a cada trimestre; e a tecnologia não para de impulsionar as coisas com uma rapidez cada vez maior.

Ao mesmo tempo, estamos em uma época de inovações impressionantes. Não só em termos de produtos incríveis e processos de engenharia novos, que parecem melhorar a cada piscar de olhos, mas em termos de como as pessoas e as empresas fazem seu trabalho. Em 1925, o presidente norte-americano Calvin Coolidge disse a famosa frase: "O principal negócio do povo dos Estados Unidos é fazer negócios". Hoje, quase um século depois, vamos alterar essa citação e dizer: "O principal negócio do mundo é fazer negócios". Praticamente todo mundo em quase todos os lugares produz, vende, cria e constrói alguma coisa. Esta é a era do empreendedorismo perpétuo, pessoal e profissional, em empresas grandes e pequenas, em economias antigas e novas em folha.

Fique parado por sua conta e risco. Ou, para ser mais preciso, pare de aprender por sua conta e risco.

Melhor ainda, envolva-se com a aprendizagem e observe o que acontece com sua empresa, sua equipe e sua carreira. Empolgação. Crescimento. Sucesso.

Nossa esperança e intenção é que *O MBA da vida real* faça parte desse envolvimento. Uma parte grande, na verdade; uma parte muito atual, extremamente útil e de aplicação imediata.

Talvez você queira usar este livro para complementar o MBA que está fazendo agora, online ou em um campus tradicional. Mas, na verdade, este livro é para todos os que buscam uma cartilha prática e objetiva sobre as grandes ideias e as melhores técnicas de um MBA, para aprender hoje e aplicar amanhã. Talvez você já tenha terminado a faculdade de administração, por exemplo, mas seu diploma está empoeirado. Ou talvez esteja em um ponto da vida em que, de repente, aprender sobre negócios é importante. Seu primeiro emprego depois da faculdade. Sua primeira promoção à chefia. Seu primeiro papel administrativo em uma instituição sem fins lucrativos. Seu primeiro dia como CEO — e funcionário nº 1 — de sua própria empresa. (Vá fundo!)

Em outras palavras, este livro é para quem não quer fazer negócios sozinho.

Agora, *O MBA da vida real* contém *tudo* o que você precisa saber sobre negócios? É claro que não. Incentivamos você a aprender sobre o assunto em todas as fontes possíveis: colegas, chefes, TV, sites da internet, jornais, conferências, podcasts e, sim, outros livros. Procure especialistas que você respeite em seu setor e siga-os.

Procure especialistas em seu setor de que você discorde e também preste atenção neles.

Aqui, nossa meta não é transformar você em um tipo de especialista funcional. Nossa meta é codificar o negócio dos negócios de hoje e lhe dar um arcabouço que facilite o entendimento de como são os negócios e como se joga, não importa em que setor você esteja ou pensa em entrar algum dia.

Com esse intuito, *O MBA da vida real* começa com uma seção chamada "A questão é o jogo". Seus capítulos examinam de que modo as empresas de qualquer tipo ou tamanho devem se organizar e operar para vencer no mercado; como alinhar tudo em torno da missão e dos comportamentos, por exemplo, e criar estratégias que nunca ficam estagnadas, recuperar-se de uma surra da concorrência, estimular o crescimento mesmo em um ambiente lento e impelir a inovação — não só nos grandes cérebros de P&D (Pesquisa e Desenvolvimento), mas em todo mundo. A primeira seção deste livro também dá uma olhada em como pensar no marketing e nas finanças, dois temas que geram muita fúria, confusão e uma grande dose de ansiedade, com certeza desnecessárias. Por fim, a seção "A questão é o jogo" de *O MBA da vida real* fala de como lidar com uma das partes mais reais dos negócios reais de hoje: a crise. Afinal de contas, quase ninguém consegue mais evitar o #ColiseuRomano da opinião pública.

A segunda parte deste livro se chama "A questão é o time". Contém nosso novo modelo de liderança; são apenas dois imperativos, ambos dificílimos de implementar, mas de extrema necessidade. Também achamos esse modelo muito transformador para as empresas que o adotaram. Nessa mesma seção de *O MBA da vida real*, descrevemos o que está envolvido na construção da chamada equipe "uau", cobrindo o ataque e a defesa na contratação, na motivação, no desenvolvimento e na retenção dos melhores jogadores. Para ser realista, essa seção termina com um capítulo que aborda a gestão e o trabalho com "gênios" — isto é, pessoas cujo trabalho você mesmo não poderia fazer, um fenômeno crescente neste mundo cada vez mais tecnológico, cerebral e especializado. Também examina a gestão e o trabalho com pessoas que não estão no mesmo ambiente que você. Segundo algumas estimativas, 20% de todos os profissionais trabalham remotamente, e esse número só cresce. Isso não torna a situação mais fácil ou produtiva; olhamos para as práticas que podem ajudar.

O MBA da vida real termina com uma seção chamada "A questão é você", concentrada na gestão da carreira. Um capítulo ajuda a responder à pergunta: "O que devo fazer com minha vida?". Outro examina "Como sair do purgatório da carreira". E o último estuda o que fazer depois de encerrar a carreira oficialmente. Provavelmente, você não vai se surpreender ao ver que nossa resposta não é "Aposentar-se".

Reconhecemos que a gestão de carreira não faz parte do currículo típico dos MBA. Mas, em geral, escrevemos *O MBA da vida real* para refletir sobre o que as pessoas de negócios realmente pensam, falam e com que se preocupam. O que não as deixa dormir à noite (talvez você também). O que as faz se levantar pela manhã.

Fazer negócios com mais inteligência. Fazer direito. Fazer de um jeito divertido. Fazer para crescer e melhorar a vida dos outros. Fazer com um time. Ou seja, não sozinho.

Para repetir, os negócios são um esporte em equipe.

Obrigado por nos pôr na sua.

A QUESTÃO É O JOGO

1. TIRE A ROTINA DO JOGO   *15*

2. APANHAR — E MELHORAR   *31*

3. É PRECISO CRESCER   *44*

4. GLOBALIZAÇÃO: É COMPLICADO   *57*

5. MEDO DAS FINANÇAS… CHEGA DISSO   *67*

6. COMO ENTENDER O MARKETING   *78*

7. GESTÃO DE CRISE: BEM-VINDO AO COLISEU   *92*

1

TIRE A ROTINA DO JOGO

ALGUNS ANOS ATRÁS, fizemos uma viagem a Las Vegas. Não para jogar; não é disso que gostamos. Estávamos em Las Vegas para falar no Conselho Internacional de Shopping Centers, com sessenta mil integrantes.

Acontece que a palestra era de manhã cedo, e chegamos na noite anterior. Com a noite livre, decidimos, como bons turistas, comprar ingressos para um show. Havia uma cantora famosa na cidade, e lá fomos os dois, um muito entusiasmado, o outro muito complacente.

Lá estava a orquestra com cinquenta músicos e as máquinas de fumaça colorida. Uma baita produção. Cabelão, baladas potentes, *backing vocals* pendurados no teto por arames e uma impressionante procissão de trocas de roupa.

Mas, com menos de uma hora, um de nós dormia profundamente.

Sacudido, eis exatamente o que foi dito:

— Qual foi o placar?

Ou seja, em quatro palavras, uma pessoa que ama os esportes — e os negócios.

São a mesma coisa, não são? Ambos são intensos e muito divertidos. São difíceis; rápidos. São uma luta incessante, cheia de estratégia, trabalho em equipe, nuances e surpresas.

E, tanto nos esportes quanto nos negócios, os jogadores entram em campo para vencer.

Um gerente de marca elabora junto à equipe uma forma de posicionar um produto da engenharia que pode fazer as vendas explodirem. Três amigos da faculdade largam Wall Street para abrir uma microcervejaria ou lançar um novo aplicativo. Um gerente industrial acorda pela manhã com uma ótima ideia para aumentar a produção da fábrica. Um executivo de RH entrevista seis candidatos para uma vaga que deveria ter sido preenchida três semanas antes e, finalmente, um deles parece perfeito.

As pessoas trabalham o dia todo, todos os dias, para melhorar a vida e a empresa. Para ajudar a família, seus funcionários e colegas, os clientes e as comunidades onde operam.

E, com o trabalho, as pessoas dão significado à vida. Não todo o significado, é claro. A vida, com sua imensa riqueza e profundidade, certamente existe fora do trabalho. Mas o trabalho dá à vida boa parte de seu propósito.

É por isso que é tão terrível quando empresas ou equipes ficam presas em situações de trabalho cheias de som, ação e (às vezes) fúria que nada significam. Nada, nenhum avanço, nenhum crescimento, nenhuma vitória. Nem mesmo uma tentativa decente.

Isso não é competir. Isso não é divertido. Isso não são negócios.

É só rotina.

No entanto, essa dinâmica é muito comum. Como mencionamos na introdução, falamos com cerca de um milhão de pessoas do mundo inteiro desde 2001, quase exclusivamente em sessões de perguntas e respostas. Esses indivíduos trabalharam em empresas grandes e pequenas, velhas e novas, na indústria pesada, nos jogos, no varejo e nas finanças. Foram empreendedores, altos executivos, alunos de MBA e colaboradores individuais. Em todas essas sessões variadas, diversas pessoas do público perguntam coisas como "por que é tão difícil colocar todo mundo na mesma sintonia?" ou descrevem uma situação de trabalho em que muita gente parece não jogar no mesmo time, e isso aparece nos resultados. Mais indícios, também: praticamente um terço dos quase mil alunos de MBA de nossa escola de administração, a maioria na casa dos trinta e dos quarenta anos e em cargos de gerência em boas empresas, relatam terem vivenciado alguma sensação de impasse no trabalho.

Que bagunça. Ainda assim, esse dilema pode ser consertado e até evitado.

Só é preciso alinhamento e liderança.

Os dois são igualmente importantes; na verdade, afirmaríamos que um não acontece sem o outro.

E não há melhor maneira de começar *O MBA da vida real* do que mergulhando nos dois.

TODO O ALINHAMENTO, O TEMPO TODO

Agora, entendemos que a importância do alinhamento não é novidade para a maioria que lê este livro. O conceito está na estratosfera da administração há muito tempo, louvado igualmente por gurus, professores, comentaristas e assessores.

O problema é que, na verdade, em empresas de todo tipo, a aplicação (e a disciplina) incansável do alinhamento podem ser deixadas de lado.

O trabalho — aquela infernal lista de afazeres — atrapalha.

Nós entendemos isso. Parece que o trabalho deveria vir em primeiro lugar, ainda mais no ambiente econômico assustador de hoje. Um cliente irritado, um funcionário que precisa de treinamento, a nova tecnologia do concorrente que atinge seu ponto cego, um desastre de relações públicas que explode no Twitter. Tudo isso pode acontecer em um dia de trabalho, e às vezes no *mesmo* dia.

Mas o fato é: se você quer se livrar da rotina, o alinhamento precisa vir antes, durante e depois do "trabalho". Precisa acontecer o tempo todo. Precisa fazer parte do que é "o trabalho".

Tudo isso provoca a pergunta: alinhamento exatamente de *quê*?

A resposta é *missão, comportamentos* e *consequências.*

Missão identifica o destino da empresa — aonde você vai e por quê, e, igualmente importante para o sucesso da missão, o que seu cumprimento significa na vida de cada funcionário.

Comportamentos descrevem, pois é, comportamentos — a maneira como os funcionários precisam pensar, sentir, se comunicar e agir para fazer da missão algo mais do que uma placa na parede cheia de jargão, que junta poeira e gera ceticismo.

Consequências dão um reforço ao sistema. Estamos falando de promoções e bônus (ou não) baseados no modo como os funcionários acolhem e promovem a missão e nos comportamentos que adotam.

Talvez esses elementos lhe soem óbvios; como dissemos, o tópico não é novo. Ou talvez, bem ao contrário. Como também dissemos, o verdadeiro alinhamento é uma raridade.

Seja como for, podemos assegurar uma coisa: quando o alinhamento acontece, ninguém mais corre em círculos. Há progresso; é o que acontece quando a rotina sai do jogo.

ALINHAMENTO EM AÇÃO

Sem dúvida, há diversas histórias sobre o poder transformador do alinhamento em todos os setores, mas nenhuma oferece um tesouro de exemplos tão grande quanto os fundos de *private equity*, ou seja, de participações privadas. Pense nisso. Qualquer negócio que interesse a uma empresa de *private equity* (PE) está, quase por definição, subvalorizado. Sofre de má liderança ou está estagnado em um mercado em mudança; é uma empresa familiar sem plano de sucessão ou a divisão de uma grande empresa que simplesmente foi negligenciada, órfã da bem-sucedida empresa-mãe. Em todo caso, a empresa está vacilando.

É claro que acontece de as empresas de *private equity* terem sorte e encontrarem uma joia oculta, darem um polimento e saírem depressa com grande lucro, ou de comprarem uma empresa vencedora de outra PE que precisa vendê-la para satisfazer as expectativas financeiras dos investidores. Mas esses casos são minoria. Na maioria deles, as empresas de PE adquirem a empresa em dificuldades e fazem o trabalho duro de procurar bons líderes. Quase invariavelmente, a primeira tarefa, a mais importante, é o alinhamento.

Vejamos o caso do conglomerado holandês VNU.

Em 2006, o VNU encerrava uma década de resultados decentes, mas dificilmente espetaculares. Na carta anual, o CEO Rob van der Berth disse que estava contente com a empresa e descreveu o VNU, sendo dono de propriedades como a revista *Hollywood Reporter* e a empresa de índices Nielsen, como "saudável". No entanto, as empresas de *private equity* viram a oportunidade, e um consórcio de seis empresas formou-se comprando o conglomerado por doze bilhões de dólares, contratando como CEO o líder de negócios Dave Calhoun.

Com uma carreira estratosférica que o transformou em vice-presidente da GE aos 45 anos, Dave tinha administrado muitas empresas grandes, mas nada como o atoleiro de marcas e produtos que, de repente, passou a comandar. "Quando cheguei lá, a missão era 'somos líderes em inteligência de mercado'", recorda Dave. "Parecia bom, mas na prática significava: faça o que quiser em seu feudo. Não havia nenhuma sensação de significado geral."

Dave e sua equipe começaram imediatamente a mudar a situação. Abandonaram o nome VNU, reivindicaram o nome Nielsen para a empresa toda e deixaram claro que a Nielsen — a nova Nielsen — existia com um propósito coerente: medir ao que os consumidores assistiam e o que compravam. A Nielsen seria a melhor empresa do mundo em saber tudo sobre os hábitos de assistir e comprar dos consumidores do mundo inteiro.

Empolgante, não é?

As melhores missões são assim: ambiciosas, inspiradoras e práticas.

Ambiciosas como em "Uau, parece incrível! Adoro a ideia de tentar chegar lá".

Inspiradoras como em "Ótimo. Sei que conseguiremos se tentarmos e nos esforçarmos".

Práticas como em "Tudo bem, parece sensato. Vou trabalhar com minha equipe para conseguir".

E aí está o pontapé inicial. Lembra-se de que dissemos que as missões bem elaboradas fazem cada funcionário saber o que tem a ganhar? A da Nielsen cumpre esse desafio. Promete crescimento — global, de produtos, de serviços — e todas as oportunidades de carreira que vêm com ele.

Outro exemplo rápido e esclarecedor de uma PE que cria missões é a Nalco, a diversificada empresa industrial comprada em 2007. Em 2008, os novos donos contrataram o CEO Erik Fyrwald, que recebeu doze mil funcionários, quatro bilhões de dólares em receita, um fluxo de caixa forte, um crescimento desprezível e uma missão que poderia ser parafraseada como "estamos no setor de água, que legal".

Erik passou os primeiros noventa dias viajando para as unidades de negócios da Nalco e visitando clientes, em busca, por assim dizer, do aplicativo perfeito para provocar mudanças e criar vantagem competitiva.

Para sua surpresa e encanto, ele o encontrou em um produto que a Nalco tinha desenvolvido seis anos antes, um sistema de otimização da qualidade do uso de água chamado 3D TRASAR. Cerca de quatro mil unidades já tinham sido arrendadas comercialmente, e Erik logo descobriu que os clientes adoravam; lhe descreveram com paixão que o produto da Nalco, como nenhum outro, poupava água e evitava as multas da agência ambiental dos EUA.

Erik levou a notícia à equipe de liderança e, revigorado pela promessa do 3D TRASAR, decidiu estabelecer a meta de vinte mil unidades arrendadas em dois anos. Por sua vez, essa meta ambiciosa eletrizou a empresa toda. O setor de P&D voltou seu foco à melhora das características do produto e criou 26 patentes para atender à necessidade dos clientes e retardar a cópia de qualquer concorrente. A equipe de vendas criou treinamento, metas e incentivos novos. Ao mesmo tempo, um novo centro de atendimento do 3D TRASAR foi construído na Índia, guarnecido por quarenta "médicos da água", engenheiros designados para monitorar as unidades do mundo inteiro, de modo a identificar e resolver os problemas antes mesmo que os clientes notassem.

Assim, nasceu a nova missão da empresa: "Fornecemos água potável aos clientes da Nalco de forma a lhes dar mais sucesso econômico e a tornar o mundo ambientalmente mais sustentável".

Essa missão levou a Nalco a cumprir a meta de vinte mil unidades em dois anos? Com certeza.

"De repente, as pessoas sabiam por que estavam indo trabalhar de manhã", nas palavras de Erik. "Ficaram empolgadas para ajudar os clientes a ter sucesso de um modo que ajudava a salvar o mundo. Viram um futuro para si. Nem dá para acreditar nas ótimas ideias que começaram a surgir."

Essa é a beleza de uma boa missão. Deixa todo mundo concentrado e empolgado.

É aí que os comportamentos começam a ter importância.

Muita importância.

Se a missão for o *destino* da empresa, os comportamentos serão seu *meio de transporte*, o meio de chegar lá.

Todos sabemos como essa conexão *não* acontece, certo? A empresa solta uma missão que fala de foco no cliente, por exemplo, mas, na vida real, os funcionários da linha de frente odeiam os clientes. Tudo bem, talvez não odeiem, só os desdenham por atrapalhar o que gostariam de estar fazendo, como chegar em casa às cinco da tarde. Ou a empresa tem uma missão que fala de rapidez no lançamento no mercado, mas os gestores têm, digamos, tolerância elevada à burocracia. Ou a empresa tem a missão de fornecer inovação, mas quem manda nas coisas rebaixa ou demite quem corre riscos e fracassa.

Nada disso é bom.

O bom é quando o alinhamento entre a missão e os comportamentos não têm falhas. Em uma empresa cuja missão é o foco no cliente, os funcionários esbanjam simpatia. Dão o número do celular para serem encontrados fora do horário de trabalho. Levam para o lado pessoal as reclamações sobre mau atendimento. Se pudessem escolher, experimentariam pessoalmente todos os produtos em casa, para garantir que funcionam perfeitamente.

Talvez estejamos exagerando um pouco, mas você entende o que queremos dizer. Missão e comportamentos têm que ser elos da mesma corrente.

– 20 –

Se já leu nossos livros e artigos, talvez agora você se pergunte por que usamos a palavra "comportamentos" em vez de "valores". Afinal de contas, por cerca de uma década, evocamos a palavra "valores" no mesmo contexto. "Valores", talvez você até tenha pensado, era nossa palavra favorita.

Era mesmo. Mas descobrimos que "valores" é uma palavra confusa. É abstrata demais. Com muita frequência, as pessoas ouvem "valores" e acham que estamos falando de política ou cultura, como em "valores familiares".

Não.

Em poucas palavras, falamos de como as pessoas *se comportam* no trabalho e como seus *comportamentos* dão vida à missão da empresa. Então, que sejam "comportamentos".

E, para voltar ao tema em questão, a única razão de falar sobre comportamentos no trabalho é porque os líderes precisam ser muito públicos, muito claros e muito coerentes sobre o tipo de comportamento necessário para cumprir a missão da empresa.

De volta à história da Nielsen. Pouco depois de anunciar a nova missão da empresa, Dave Calhoun também anunciou os três comportamentos que lhe dariam vida. O primeiro era a mente aberta.

Essa, sim, era uma mudança, para dizer o mínimo. "As pessoas achavam que éramos uma empresa de pesquisa de mercado", explica Dave, "e que tipo de pessoa tem sucesso em uma empresa de pesquisa de mercado? As muito inteligentes, que aperfeiçoam os algoritmos e não querem que ninguém veja esses algoritmos para não os furtar.

"Mas, para dominar o espaço de saber tudo sobre o consumidor, precisávamos de pessoas abertas a receber dados de todas as fontes e dispostas a trabalhar com todo mundo, não só com quem entendia o algoritmo."

O segundo comportamento era a paixão pela integração. Dave acreditava que o crescimento da Nielsen se baseava em seu pessoal amar — não basta gostar, mas *amar* — o processo de misturar, combinar e sintetizar a pesquisa de mercado que lhe chegava de todos os ângulos, principalmente devido à explosão do *big data*.

O crescimento também estava na capacidade da Nielsen de entender todas essas informações para repassá-las aos clientes, e assim o terceiro comportamento identificado para promover o sucesso da Nielsen era a simplicidade.

"O mundo digital está ficando avassalador; todos os dados que existem podem simplesmente nos afogar", explica Dave. Nessas situações, as pessoas costumam dar um jeito de defender os dois lados da questão. Isso só turva as águas para todos. "Se conseguirmos fazer uma recomendação a um cliente de maneira simples, compreensível e convicta, venceremos sempre." (E com certeza venceram. Nos seis anos de Calhoun como CEO, a capitalização da empresa no mercado triplicou.)

Do mesmo modo, Erik Fyrwald e sua equipe da Nalco determinaram os principais comportamentos necessários para promover a nova missão da empresa. O primeiro era uma paixão ardorosa pela economia de água. Não o tipo de paixão "Ah, isso é bem legal" ou "Sabe o que faço no trabalho? Salvo o mundo economizando água". "Queríamos pessoas que ficassem empolgadíssimas toda manhã quando ligassem o computador e vissem os medidores", explica Erik. E, com isso, ele quer dizer os medidores de toda a intranet da Nalco, que mostravam o tempo todo quanta água a empresa economizava por cliente e em geral.

O segundo comportamento era a fome de crescimento. E não um crescimento de um algarismo só. Erik determinou que a missão da Nalco exigia viciados em crescimento, pessoas que vissem oportunidade em clientes antes considerados fora do alcance e em mercados que assustavam todo mundo. Em 2009, quando a maior parte das empresas na área da Nalco recuavam na China por medo da desaceleração econômica, a empresa se uniu a um líder de crescimento forte e comprovado para administrar a Ásia. Ele tirou a sede da empresa da aconchegante Cingapura e construiu um prédio novo em Xangai, com um centro de treinamento de funcionários e atendimento ao cliente, um centro de tecnologia e instalações para vendas e marketing. O número de funcionários pulou de duzentos para oitocentos, e o compromisso maior da Nalco lhe permitiu recrutar candidatos incríveis, engenheiros chineses que queriam melhorar o meio ambiente por meio do tratamento de água e da produtividade hídrica na indústria pesada.

Mais ou menos na mesma época, a Nalco também liberou sua unidade de petróleo e gás para buscar agressivamente o crescimento global em aplicações químicas ligadas à água. (Para extrair um barril de petróleo, é preciso cuidar de quatro barris de água a serem separados, limpos e devolvidos de forma segura ao ambiente.) Logo a empresa conseguiu expandir seus negócios com clientes que perfuravam em águas profundas no Golfo do México, mas também teve sucesso em novos relacionamentos produtivos com clientes distantes, em locais como Sibéria ocidental, Cazaquistão, Azerbaijão, Nigéria, Angola e Malásia. "Nosso líder de petróleo e gás era um exemplo incrível de empreendedorismo e busca de crescimento", observa Erik, "e ele fez a equipe se sentir da mesma forma."

Claramente, seu exemplo e o de muitos outros adeptos dentro da empresa deu frutos. Em 2010, o crescimento da receita e do faturamento da Nalco tinha dois dígitos.

LIDANDO COM AS CONSEQUÊNCIAS

Instalados a missão e os comportamentos, para o alinhamento só resta a parte do sistema que chamamos de "consequências". Talvez soe punitivo, mas não é. É claro que consequências podem ser negativas, como os rebaixamentos e as demissões. Mas, com muito mais frequência, elas são positivas, como os aumentos e os bônus. Seja como for, a questão é a mesma. Você pode espernear e gritar o quanto quiser sobre *missão* e *comportamentos*, mas, se não houver mecanismos organizacionais para reforçá-los, você será como a famosa árvore que cai na floresta.

Ninguém vai ouvir.

Obviamente, o mecanismo mais barulhento de consequências *negativas* é a demissão. Em sua maioria, os líderes odeiam usar essa ferramenta, e deveriam mesmo, se forem seres humanos normais, mas, às vezes, quando a desconexão da missão ou dos comportamentos é óbvia, ela é necessária e melhor para os dois lados.

Dave Calhoun, por exemplo, teve que desistir de um integrante muito popular da velha guarda do VNU que achava que a empresa não deveria, nem conseguiria, se integrar. Ele gostou? É claro que não, mas fez a coisa certa e transformou a saída do administrador em momento de aprendizagem. Em vez de dizer "Fulano se aposentou para passar mais tempo com a família", ele abordou publicamente a decisão na reunião anual da Nielsen. "Tive que deixar claro os comportamentos inaceitáveis e os recompensados", diz ele.

Do mesmo modo, enquanto deixava claro o vínculo entre missão e comportamentos na Nalco, Erik Fyrwald teve que lidar com um exército de resistentes. "Isso já foi tentado e não dá certo na Nalco", era um refrão comum. Também foi necessário pedir a muitos líderes importantes que saíssem — mais da metade dos top 100, substituídos por candidatos internos e externos. Similar a Dave Calhoun, essa dificilmente foi a parte favorita da virada para Erik, mas, no meio do jogo, o técnico não pode implorar a adesão de negacionistas arraigados.

A questão, quando se trata de saber se (e quais) comportamentos são importantes, a mudança de pessoal fala mais do que cem discursos.

É claro que as mudanças de pessoal também podem ser uma forma de consequência totalmente positiva no processo de alinhamento. A promoção de pessoas que demonstram a missão e os comportamentos é uma mensagem imensa e grande fonte de reforço e incentivo em toda a empresa. O mesmo acontece com os bônus descomunais. O dinheiro manda, não é mesmo?

No entanto, de modo geral, a parte das consequências do alinhamento é uma simples questão de ter uma boa avaliação de desempenho e um bom sistema de recompensas.

Esse sistema não precisa ser caro nem complicado. Só precisa tocar — *precisa* tocar — todos os funcionários com a maior frequência possível, pelo menos duas vezes por ano, em conversas nas quais o gerente lhes diz, em termos francos, qual é sua posição na empresa.

É assim que você nos ajuda a cumprir a missão, e veja em que pode melhorar.

É assim que você demonstra os comportamentos de que precisamos, e aqui está em que pode melhorar.

Finalmente: *é assim que seu salário, bônus e futuro refletem o que acabei de dizer.*

É isso. Essa é a parte das consequências do alinhamento. Parece difícil?

Não muito, e mesmo assim você já sabe com que frequência isso acontece na vida real. Temos sorte quando 10% a 20% de nosso público levanta a mão quando perguntamos: "Quantos de vocês sabem qual sua posição dentro da empresa?". Alguns de nossos filhos adultos e seus amigos de vinte e poucos anos, que trabalham em empresas de respeito, nunca receberam uma única avaliação de desempenho. Uma delas recebeu um bom aumento no contracheque e teve que perguntar ao chefe por quê. "Mérito", informaram. Ponto.

Isso nos dá vontade de gritar. (Isso a fez querer gritar também, é bom registrar.)

Tantas oportunidades perdidas, só ali esperando para serem aproveitadas e transformadas em sucesso. Esclareça a missão, nomeie os comportamento, meça e recompense as pessoas que exibirem bem os dois.

Essas poucas tarefas não são fáceis. Nunca diríamos que são. Mas, veja, o alinhamento também não é uma cirurgia no cérebro. É péssimo que líderes demais o evitem. Nunca se tem uma empresa saudável sem ele.

TÁTICA A PARTIR DE HOJE

Então, vamos conhecer a criadora do alinhamento: a liderança.

Como já notamos, a liderança é fundamental para incentivar o tipo de alinhamento que tira a rotina chata do trabalho. Você pode ajeitar todos os pneus do carro, mas de que adianta se não houver ninguém que o dirija até em casa, não é? O fato é que, na imensa maioria dos casos, a nova liderança é *absolutamente inseparável* da criação e da implantação da missão, dos valores e das consequências de uma empresa estagnada. Eles andam juntos porque é preciso que seja assim.

Mais adiante neste livro, dedicaremos um capítulo inteiro à liderança. Na verdade, apresentaremos nele um novo modelo holístico, que desenvolvemos a partir da totalidade de nossa experiência e de nossas observações, e que define a liderança como a busca incansável da verdade e a criação incessante de confiança.

Por enquanto, no contexto de tirar do jogo a rotina chata, vamos falar sobre algumas *táticas* fundamentais verdadeiras e confiáveis. Especificamente, falemos de cinco providências imediatas. Afinal, se sua empresa, em qualquer nível, definha, despenca ou não aproveita seu pleno potencial, é preciso começar a consertar esse problema, não na semana que vem, nem mesmo amanhã.

É preciso começar hoje. Veja como.

PRIMEIRO, PONHA-SE NO LUGAR DOS OUTROS

Há algo pior do que um gerente pomposo e convencido que marcha por aí como um generalzinho, gritando com seu assistente, agindo como se seu único serviço fosse presidir reuniões com os subordinados ou se preparar para reuniões com os superiores? Esse tipo esnobe e intrometido que ficava na melhor sala era o pródigo antigamente, quando Madison Avenue e Detroit eram o centro do universo. Na época, esses sujeitos eram uma legião, e a única vez que saíam do conforto de sua sala era para almoçar — juntos. Você acha que hoje todos já devem ter sumido, não é? Infelizmente, nem de longe. Nós os vimos em abundância nos últimos dez anos, os mesmos de sempre, só que com o truque extra de se esconder atrás da tecnologia.

Conte também nesse grupo horrível o gerente insípido, tão sem graça e indiferente como as tarefas, e as pessoas que você se pergunta por qual razão elas se dão ao trabalho de ir à empresa todo dia.

É loucura. Se quiser dar vida a todas as coisas boas que acontecem porque você está alinhado, é preciso abandonar o marasmo, sair em campo, conhecer e se importar de verdade com seu pessoal como indivíduos. Na verdade, os líderes excelentes são como os técnicos que ficam pulando na lateral do campo porque não conseguem conter o entusiasmo com o que todos estão fazendo, que abraça os jogadores quando saem de campo, com suor e tudo, e que sabe o que anima cada um deles.

Vamos até dar um passo adiante. Os melhores líderes realmente se preocupam *mais* com seu pessoal do que consigo mesmos. Esse conceito nos lembra uma entrevista maravilhosa com Don Knauss, na época CEO da Clorox, publicada no *New York Times* não faz muito tempo. Don conta que, com vinte e poucos anos, foi tenente do Corpo de Fuzileiros Navais com posto no Havaí. "Certo dia", disse ele, "me levantei às cinco da manhã e estava com muita fome. Comecei a andar até a frente da fila (para almoçar), e um sargento de artilharia segurou meu ombro e me virou. Ele falou: 'Tenente, em campo, os homens sempre comem primeiro. O senhor pode comer se sobrar alguma coisa'. E eu respondi: 'Tudo bem, entendo'. [...] A questão toda é o pessoal, não é você".

Que ótima história! Os grandes líderes criam confiança e credibilidade com palavras e atos que provam, várias e várias vezes, de forma grande e pequena, que respeitam e honram seu pessoal.

Isso parece desgastante? Às vezes, sim, ainda mais quando é real, como deveria ser. Mas, se quiser que sua equipe vença, você deveria achar OK. Deveria ser o que você faz o tempo todo.

Segundo, pense em si como o diretor de significado

Com que frequência você acha que Dave Calhoun e Erik Fyrwald falaram sobre missão e comportamentos em seus primeiros dezoito meses no comando? Todo dia? Que tal em todas as conversas, de cima a baixo na empresa? Esse tipo de excesso de comunicação é essencial, e não só quando se inicia um processo de mudança. É essencial para sempre.

Em boa medida, os líderes existem para dar propósito às equipes; para explicar, de forma incansável e apaixonada: "Vejam aonde vamos. Vejam por quê. Vejam como vamos chegar lá. Vejam como vocês se encaixam. E vejam o que podem ganhar".

Ah, só um lembrete: assim que acabar de explicar tudo isso, é preciso explicar de novo.

Lembre-se, seu pessoal passa mais de quarenta horas por semana trabalhando. Se você não os ajudar a encontrar significado nesse investimento, estará desperdiçando o tempo e a vida deles. Não é uma bronca. Mas essa parte da liderança intimida, sabemos disso. Quem gosta de repetir a ponto de engasgar-se? Ninguém. Mas é parte essencial do engajamento e do cuidado com as pessoas, como em qualquer relacionamento verdadeiro.

E mais uma coisa. Não é só o chefão que precisa ser o diretor de significado. Não importa o tamanho da empresa, é serviço de todos os gerentes e administradores, até o nível do líder de equipe, criar contexto e propósito. Pense em como isso pode ser poderoso. Pense no alinhamento que cria.

TERCEIRO, REMOVA OS OBSTÁCULOS DO CAMINHO

Você já viu o esporte olímpico chamado *curling*? Com todo o devido respeito aos atletas que dedicam a vida a ele, é meio engraçado, precisamos admitir. Um jogador empurra uma pedra de granito pelo gelo rumo ao gol, enquanto três outros vão na frente, varrendo freneticamente a superfície com vassouras de palha de milho. Esses jogadores, os que alisam o caminho para a pedra se aproximar com precisão e rapidez a seu destino, fazem o mesmo que os bons líderes. Eles removem agressivamente tudo o que estiver no caminho da pedra até o alvo.

Tipo o quê? Ora, tipo as bobagens burocráticas que parecem endêmicas na maioria das empresas. As regras e regulamentos que muitas vezes só existem para dar o que fazer ao pessoal que impõe regras e regulamentos. Não estamos falando do tipo de diretriz que é preciso seguir por lei ou por questões de segurança. Estamos falando de coisas mesquinhas que atrapalham o progresso. O diretor financeiro que diz que todos receberão um aumento geral de 2% porque foi um ano difícil, o desempenho que se dane. O gerente de TI que está mais interessado no processo do que na inovação, ou na coleta de dados acima da análise. O advogado da empresa que sempre tem uma razão para que nada possa ser feito.

O serviço do líder é varrer esse tipo de lixo.

E, enquanto estamos nisso, varrer esse tipo de gente de todos os grupos — os bloqueadores de ações, os resistentes à mudança, os obcecados pelo processo. "Não é assim que fazemos as coisas por aqui." "Antes não era assim." Às vezes, não há problema em tolerar alguns desses indivíduos — às vezes. Eles contribuem para a memória institucional ou contrapõem uma forte cultura de aquiescência, que nunca se deve desejar. Mas, na maior parte do tempo, não passam de ranzinzas moralistas e autonomeados que drenam energia e desperdiçam tempo. Os bons líderes notam a diferença e provam isso usando suas vassouras com eficácia.

Quarto, demonstre alegremente o "gene da generosidade"

Os cientistas teriam que lhe dizer se há mesmo um marcador de generosidade no DNA ou se esse comportamento é aprendido, mas para nós não faz diferença. Só sabemos que os melhores líderes, os mais eficazes e inspiradores, têm uma característica de destaque: adoram dar aumentos. Ficam empolgados quando veem seus funcionários crescerem e serem promovidos. Homenageiam a equipe de todas as formas possíveis: com dinheiro, mais responsabilidade e elogios em público. E fazer isso os empolga. Conhecemos uma gerente, por exemplo, que trabalhou de perto durante semanas em um projeto com uma de suas funcionárias. A coisa não ia bem; mesmo depois de horas de treinamento, a funcionária não cumpria o que a gerente esperava. Então, certa manhã, a funcionária chegou ao trabalho se arrastando. "Passei a noite em claro", disse ela à chefe; "dê uma olhada em seu e-mail". A chefe olhou e lá, em um anexo, estava o projeto concluído com perfeição. A chefe saiu correndo da sala, gritando "Você conseguiu, você conseguiu!", para todos ouvirem. Nos líderes, esse tipo de generosidade autêntica e que derruba barreiras libera as pessoas para se sentirem ótimas e fazerem grandes coisas pela equipe e pelos clientes.

Às vezes, nos perguntam sobre a prevalência do gene da generosidade. É difícil. Pessoalmente, já o vimos, mas, novamente, trabalhamos em e com empresas excelentes que tendem a atrair, capacitar e recompensar esse comportamento da liderança. No quadro geral, diríamos que provavelmente é menos comum. Muitos líderes gostam de segurar aumentos e promoções; são sovinas por natureza ou criação, em termos financeiros e emocionais. Muitas vezes, escondem seus melhores funcionários para embelezar seu próprio desempenho. Temos uma amiga, por exemplo, que saiu de uma grande empresa de comunicação por frustração com o ritmo de seu avanço. Só na entrevista de saída no RH ela soube que o chefe a considerava "de potencial altíssimo e superlativo".

Esse gerente não criticava nossa amiga, mas também não era expressivo. "Acho que ele nunca me disse algo bom", ela nos contou. "E, quando recebi meu aumento anual, foi sem explicação. Eu nem sabia que era o maior da empresa até que o RH me contou quando me demiti."

Pode ser que a experiência de nossa amiga seja a norma. Esperamos que não, porque nada incentiva mais o desempenho e a dedicação do que a generosidade do coração — e da carteira — de um bom líder.

Quinto, garanta que o trabalho seja divertido

Podemos ficar completamente exasperados por um instante e perguntar: "O que há de errado com as pessoas quando se trata da diversão no trabalho? Céus, o quê?". Isto é, por que tantos — muitos — supõem que trabalho só é trabalho quando é difícil, chato, sem graça e desagradável?

É de matar.

O trabalho não é o que fazemos enquanto esperamos para viver. Trabalho é vida. Talvez não toda ela, como já dissemos, mas boa parte. É por isso que, se você é líder, permitir que o local de trabalho seja um bastião do "desespero silencioso", como disse sabiamente Henry David Thoreau, é horrível. Sem falar que prejudica a produtividade e os resultados (e como prejudica).

Veja, a diversão é ótima. É saudável e dá energia, tanto para empresas quanto para indivíduos. Apostamos que 99,9% dos gerentes concordariam com isso também em termos abstratos. Mas aí, um certo número deles — novamente, grande demais — chega ao escritório e elimina a diversão. Alguns fazem isso com negatividade, politicagem ou falta de franqueza. Outros, porque acham que a diversão não é séria e que o trabalho precisa ser sério. Outros, ainda, só porque não percebem que a diversão é responsabilidade deles.

E é. Seu pessoal dá seus dias (e, às vezes, as noites) a você. Dá as mãos, o cérebro e o coração. Claro que a empresa paga. Enche a carteira deles. Mas, como líder, você precisa encher a alma dos funcionários. É possível fazer isso pondo-se no lugar deles, dando significado ao trabalho, removendo obstáculos e demonstrando o gene da generosidade. E você consegue, talvez com muita potência, criando um ambiente empolgante e agradável.

Como? As opções são numerosas, muitas são fáceis de uma maneira maravilhosa. Comemore marcos e pequenos sucessos. Adote o humor e a franqueza. Deixe as pessoas serem quem são. Destrua o comportamento burocrático sempre que ele se infiltrar. Expulse os imbecis. Façam coisas juntos fora do escritório. Quem disse que chefes e funcionários não devem ser amigos estava louco. Por que você não faria amizade com as pessoas com quem passa todo o seu tempo?

Veja, sabemos que o trabalho tem seus momentos de estresse e dificuldade; é claro que tem. Mas o líder não pode permitir que seja esse o status quo. Mesmo nos tempos difíceis, o trabalho precisa ser um lugar onde as pessoas gostam de estar. Fazer com que seja assim é parte do serviço dos líderes.

No começo deste capítulo, afirmamos que o *private equity* é um armazém de exemplos de como as empresas escapam da terra de ninguém por meio do poder combinado do alinhamento e da liderança.

Mas sejamos claros: essas mesmas ferramentas existem para transformar empresas ou divisões em dificuldades de todos os setores, do restaurante familiar à gigante tecnológica global. A estagnação é muito comum porque as pessoas são humanas, e a empresa paga o preço.

Não vamos afirmar que tirar a rotina do trabalho é fácil. Não é. Mas sem dúvida pode ser alcançado, provavelmente com mais rapidez do que se pensa.

Alinhamento e liderança: junte os dois e comece o jogo.

2

APANHAR – E MELHORAR

O UTRO DIA, UM de nós — não o que dormiu durante o show em Las Vegas, tá? — estava na garagem procurando um velho taco de golfe favorito. Francamente, não era uma iniciativa promissora, pois a garagem, em geral, é o lugar onde as caixas vão para morrer.

No entanto, de forma surpreendente, uma daquelas caixas continha o taco sumido. E foi logo depois de localizá-lo que nosso protagonista se levantou e bateu a cabeça com toda a força em uma prateleira que se projetava da parede.

Foi um *ai* ouvido em todo o quarteirão, embora talvez não fosse exatamente um "ai".

Veja, apanhar dói para caramba. Primeiro, há o tipo de dor em que realmente vemos estrelas. Logo depois, vem o choque. "Como é que deixei isso acontecer?", você se pergunta.

Só mais tarde, em geral muito depois que o galo já sumiu, você diz: "Sabe, na verdade a pancada me ensinou alguma coisa. Não vou permitir que aconteça outra vez".

Os negócios são cheios de pancadas.

Um cliente importante usa sua reunião mensal de atualização para encerrar o contrato e fazer uma ladainha de queixas. O novo produto que deveria vender mil unidades por semana após o lançamento vende 500, 250 ou 100. Seu maior concorrente compra seu segundo maior concorrente e começa a perseguir seus melhores clientes com a equipe conjunta de vendas. Você descobre que o canal de marketing que é sua carta na manga será "aposentado" por seu maior parceiro digital daqui a quinze dias. Um caso de mau atendimento a um cliente em uma de suas lojas provoca uma tempestade de ódio no Twitter.

Também há o tipo de pancada que mais parece um coice: o mercado a que você atende desmorona devido a um evento regulatório ou natural, uma tecnologia muda tudo e simplesmente mata seu setor ou há uma recessão pavorosa, do tipo que surge, digamos, a cada oitenta anos.

Surpresa!

Surpresa *às vezes*. No Vale do Silício, as "disrupções" súbitas e desastrosas fazem parte dos negócios cotidianos, tanto que até criaram uma sigla, WFIO, que significa *"We're F— , It's Over"* (Estamos f***dos, acabou). Quase por natureza, as empresas de tecnologia são ímãs de pancadas.

Por outro lado, as pancadas podem vir do nada ou quase sem aviso. Pense nas empresas de Nova Orleans destruídas pelo furacão Katrina em 2005 ou pelo furacão Sandy em 2012.

Mas essas calamidades absolutas são raras. Com muito mais frequência, apanhamos porque nossa empresa não estava preparada; não vimos o que estava por vir. Uma ameaça da concorrência, uma mudança cultural, uma nova tecnologia, a lista é comprida. Como disse o CEO do Google, Larry Page, em sua palestra TED de 2014: "A principal coisa que fez as empresas fracassarem, em minha opinião, é que elas não olharam para o futuro".

Veja, *por que* sua empresa apanhou não é lá muito importante para nosso objetivo aqui. Algo ruim aconteceu. Este capítulo trata do conserto — ajeitar as coisas para a empresa se recuperar o mais depressa possível e, no melhor dos casos, passar a funcionar de maneira a tornar muito menos provável outra pancada.

Com esse fim, temos seis conselhos para a recuperação pós-pancada, que vamos explicar e examinar nas próximas páginas.

1. **Assuma sua pancada.**

2. **Segure-se com força ao que tem de melhor.**

3. **Seja maníaco pelo que promove custo, desempenho e crescimento; use os dados como guia.**

4. **Reinvente o processo de criação de estratégias.**

5.   Caia na real em relação à sua arquitetura social.

6.   Preocupe-se de forma mais produtiva.

Pronto? Ótimo. Porque adoramos falar sobre essas táticas. Elas fazem parte das empresas nas dores da recuperação e, podemos até dizer, de *todas* as empresas, com ou sem surra. Qualquer técnico lhe dirá que a melhor defesa é um bom ataque. O mesmo acontece no jogo dos negócios.

CÓDIGO (QUASE) AZUL

Pelo que indicam as bilheterias de Hollywood, todo mundo adora uma boa história de terror. *Assistir* à uma boa história de terror, melhor dizendo, porque viver é outra questão.

É só perguntar a Joe DeAngelo e sua equipe na HD Supply (HDS). A empresa foi fundada em 1975 como distribuidora regional de material de construção na Califórnia com o nome de Maintenance Warehouse. Até 1997, tinha crescido bastante, e a Home Depot, ao ver as várias sinergias de produto, a comprou, transformou em divisão e investiu pesadamente em logística e compras online. Os clientes da HDS continuaram muito fragmentados: encanadores, empreiteiros, mestres de obra, gerentes de instalações etc. Essa fragmentação não era um problema com o mercado de imóveis bombando, e a HDS teve um longo período de sucesso no decorrer das décadas. (Por exemplo, em 2005 a receita ficou por volta dos doze bilhões de dólares, com lucro antes do desconto de juros, impostos, depreciação e amortização [EBITDA] de um bilhão de dólares.)

Mas, em 2008, a HDS recebeu dois "duros golpes", como explica Joe. Primeiro, a bolha dos imóveis residenciais, inflacionada havia bastante tempo, explodiu. É claro que foi difícil para a HDS, mas a empresa conseguiu se voltar para o mercado secundário, os imóveis comerciais, tipicamente no contraciclo do residencial. Mas, alguns meses depois, todo o setor de construção civil desceu pelo ralo com a recessão, e a receita da HDS caiu 40%. Para se manter viva, a empresas demitiu doze mil dos 26 mil funcionários, vendeu três unidades e fechou um terço das lojas.

Para piorar, na época desses eventos a HDS já estava em uma situação financeira precária. Recentemente desligada da Home Depot e vendida a uma empresa de *private equity*, estava cheia de dívidas. Na verdade, apesar de todo o bem que a boa PE consegue fazer quando resgata e reali-

– 33 –

nha empresas, esse é um dos principais lados ruins do setor. No início, as aquisições têm fluxo de caixa limitado e o balanço fica sobrecarregado de dívidas.

"Por fora, todos achavam que tinha acabado para nós", recorda Joe sobre 2008. "Só esperavam o atestado de óbito."

Ele não viria. Na verdade, embora a história da HDS mostre que ela levou uma surra que quase a matou, a reação da empresa é um ótimo exemplo de nossos primeiros quatro conselhos em ação.

ASSUMA A PANCADA

Se já esteve em uma empresa que levou uma surra, você conhece todos os comportamentos que se instalam imediatamente. As pessoas se amontoam atrás de portas fechadas e cochicham "quem será o próximo"; os gerentes correm de uma reunião a outra com pilhas de pastas e cara de preocupação, sem fazer contato visual com ninguém, e na salinha do café há medo e delírio generalizados. A paralisia interna é tamanha que, basicamente, o principal trabalho realizado é fofoca e envio de currículos.

Esse tipo de reação aos problemas é natural, porque a autopreservação é natural. Mas também é uma profecia que provoca o próprio cumprimento. Pessoas distraídas, assustadas e deprimidas não conseguem consertar nada.

A HDS pôs uma pedra nessa dinâmica. Não houve negação e, igualmente importante, não houve culpabilização nem vitimismo.

Comentários como "O setor financeiro deveria ter visto o que ia acontecer" e "Não acredito que aconteceu conosco; não merecemos" foram proibidos. De que adiantavam? Em vez disso, os líderes da HDS adotaram maciçamente a mentalidade de que "vamos vencer mais essa" e recompensaram quem fez o mesmo.

Essa mentalidade foi obtida, em primeiro lugar, com a invocação constante da missão e dos comportamentos da empresa. "Tivemos que fazer catorze mil pessoas andarem na mesma direção", diz Joe. "Nossa missão tinha onze palavras: 'Uma equipe para promover o sucesso do cliente e criar valor'. Dissemos isso inúmeras vezes." Ao mesmo tempo, os comportamentos da empresa foram transmitidos pela sigla SPIRIT (serviço, performance, integridade, respeito, inovação e trabalho em equipe) e reforçados por pequenos prêmios espontâneos em dinheiro para quem os

– 34 –

demonstrasse. Importante dizer que essas incumbências no campo de batalha, por assim dizer, eram abertamente comemoradas.

Há também certo teatro em assumir sua pancada. Escolha a melhor abordagem para reanimar a empresa. Um evento de união da equipe fora da sede, um palestrante inspirador; as opções podem ser muito criativas. Na HDS, Joe escolheu designar uma tropa de elite especial para estudar os atributos em comum dos campeões mais famosos da história: George Washington, Muhammad Ali, o cavalo Secretariat e outros. Os achados — trabalho incansável, atitude de que a derrota é impossível e paixão por ser o melhor entre os melhores — foram divulgados e invocados durante dois anos nas reuniões da empresa. "Falávamos *muito* dos achados do projeto dos campeões", diz Joe. "Secretariat venceu com 31 corpos de vantagem. Usávamos esse exemplo o tempo todo para mudar o modo de pensar das pessoas. Queríamos que todos perguntassem: 'Contratar essa pessoa vai nos ajudar a vencer por 31 corpos? Ir àquela conferência vai nos ajudar a vencer por 31 corpos?'"

O projeto dos campeões, comentou Joe, "ajudou bastante a acabar com a festa do coitadismo. Ele celebrava que íamos melhorar, e isso começou a partir de um pensamento muito purificador. Perder não era opção".

SEGURE-SE COM FORÇA AO QUE TEM DE MELHOR

Com muita frequência, quando a empresa tem problemas, o reflexo dos líderes é demitir sem levar em conta o desempenho. Em geral, esse tipo de abordagem indiscriminada ocorre porque a empresa não tem um sistema de avaliação de desempenho e, por querer mostrar à diretoria que está agindo rápido com cortes profundos, a equipe de liderança vai pelo caminho mais fácil e manda cada gerente demitir 10% do pessoal ou baixar todos os salários em 10%. Do mesmo modo, oferece pacotes de vantagens na demissão a quem quiser aceitar, e é claro que, com muita frequência, as pessoas mais qualificadas, com salário mais alto, tendem a aceitar e sair, porque conseguem os melhores termos e encontram mais oportunidades em outro lugar.

Sem firulas, esse comportamento é o exemplo perfeito de gestão fraca, covarde e desmoralizante. Por que alguém incentivaria os melhores a irem embora e correria o risco de um êxodo em massa de talentos?

Sair do buraco já é bem difícil. Mas você nunca, jamais sairá do buraco sem seu melhor pessoal. É por isso que, em tempos difíceis, é preciso fazer algo contraintuitivo e até corajoso, ou seja, dar aos melhores funcionários *mais* salário e ativos de longo prazo com base no desempenho, e correr o risco de errar por ter participantes demais, não de menos.

Dizemos corajoso porque, nos dias ruins, levar uma ideia dessas ao chefe ou, em alguns casos, ao conselho administrativo, é como andar sobre as hélices em movimento de um helicóptero. Em geral, seu chefe está paralisado, e o conselho preocupado com o jurídico. É preciso coragem para dizer "Que tal compararmos o constrangimento de falar sobre salário com o jurídico à dor das manchetes sobre a falência?"

Mas a coragem é necessária. Na verdade, mais do que coragem. Este é o melhor momento para liberar o gene da generosidade de que falamos no capítulo anterior. Em épocas difíceis, os melhores funcionários se tornam os melhores exemplos. "Se Sam e Sarah vão ficar", pensam os outros funcionários, "a situação não pode ser tão ruim assim e, com certeza, vai melhorar. Estou dentro."

Ou, em outras palavras: seus melhores funcionários são sua maior esperança de sobrevivência — e sucesso. Faça o que for preciso para não os perder.

Seja maníaco pelo o que promove o desempenho

Com as pessoas certas a bordo, você pode se dedicar ao próximo passo para resolver a surra que levou. Isto é, procurar meticulosamente maneiras de melhorar todas as partes da empresa.

Meticulosamente? Ora, isso não significa devagar. Significa com inteligência e deliberação e, especificamente, ser movido pelo imenso acúmulo de informações sobre os mercados e consumidores disponíveis hoje, de graça ou por um preço. Algumas pessoas chamam esse novo oceano de fatos e números de *big data* e, para nós, tudo bem (embora seja um jargão). Para nós, o imperativo do *big data* não é, necessariamente, obter mais informações; você poderia se afogar nelas.

O principal é discernir quais informações são importantes para sua empresa e analisá-las para determinar os verdadeiros promotores de custo e crescimento. Em última análise, é como disse Sir Terry Leahy, ex-CEO da Tesco, de forma tão conhecida (e sábia): os únicos dados que importam são os que levam à ação.

Foi exatamente uma análise como essa que permitiu à HDS decidir rapidamente quais empresas vender, porque não tinham um caminho claro até a liderança do mercado. "O diagnóstico nos permitiu ver o que precisávamos ver", diz Joe. "Olhamos todos os mercados externos. Há alguma maneira de ganhar dinheiro lá? Quais são as necessidades dos clientes, qual delas é mais importante e como nos comparamos com a concorrência?" Do mesmo modo, os dados identificaram as melhores oportunidades de investimento.

Em consequência, a HDS vendeu os setores de madeira, encanamento e tubulação industrial, redobrou o foco na manutenção de instalações e aumentou o investimento em tecnologia para melhorar a logística das entregas. Ao mesmo tempo, novamente com uma dose pesada de análise de dados como ferramenta, lançou um programa para recompensar e disseminar o aprimoramento de processos. A operação de Los Angeles, por exemplo, obtinha resultados muito melhores do que outros postos avançados da empresa, em várias métricas. Uma equipe da sede foi encarregada de descobrir o porquê e assegurar que suas práticas superiores se disseminassem por todas as filiais da empresa. Enquanto isso, todos os integrantes da equipe externa da HDS foram para a rua com um iPad novo cheio de softwares da Salesforce.com, com montanhas de informações sobre quais produtos promover com cada cliente para obter o melhor resultado.

"Ficamos maníacos por desempenho, basicamente", diz Joe. "Em um evento com risco de vida, não há alternativa."

Felizmente, hoje, devido aos avanços da coleta e da análise de dados, maníaco pode significar meticuloso e rápido ao mesmo tempo.

Reinvente o processo de criação de estratégias

Vamos passar a outro ponto fundamental da recuperação da HDS: o modo como a empresa lidou com a estratégia pós-surra, o que, para nossos propósitos, também ilustra como hoje tática e estratégia deveriam se integrar cada vez mais, quaisquer que sejam as circunstâncias.

Afinal, a verdade é que a criação de estratégias, pelo menos como nós com mais de quarenta anos a conhecemos, morreu. É irrelevante. As grandes sessões semestrais encenadas com apresentações elaboradas sobre "tendências", "competências básicas" e coisa e tal? Reuniões antes das reuniões para conseguir a adesão de "eleitores internos"? Esqueça. O mercado avança depressa demais para esse velho ritual. Avança depressa demais e *muda* depressa demais.

Faz tempo que propusemos uma abordagem muito mais simples e flexível da estratégia que chamamos de "Cinco Slides", porque o processo pode se resumir, é óbvio, a cinco slides. Aliás, esses slides não devem ser criados por algum tipo de "vice-presidente de estratégia" ou consultor externo. Nada disso. Eles devem ser criados por uma equipe com as melhores mentes da empresa, engajadas, bem-informadas, curiosas e originais, comandada pelo CEO. Pessoas com probabilidade de debater e até discordar, vindas de todas as partes e níveis da empresa que façam sentido. Principalmente, pessoas com propensão à paranoia; veja bem, não só os que pensam em "e se...", mas os que gostam dos piores casos. Hoje, a estratégia exige esse tipo de mentalidade, porque, nos negócios, praticamente qualquer coisa pode acontecer... e acontece. Uma startup tecnológica entra pela porta dos fundos e derruba um gigante do setor. O comentário informal de um alto executivo ofende uma imensa categoria de clientes. Ah, a lista não tem fim.

É por isso que os Cinco Slides são tão paranoicos e focados de forma extrema em sua abordagem. Na verdade, o objetivo é singular, como deve ser em qualquer processo de criação de estratégias: fazer a empresa sair de si mesma. Um imenso desafio! Uma revisão:

O primeiro slide faz uma avaliação minuciosa do atual campo de jogo competitivo. Quem são os concorrentes? Qual é a participação deles no mercado? Quais são os pontos fortes e fracos? Como eles são por dentro? Para o processo dar certo, entenda que esse tipo de pergunta não pode ser debatido a três mil metros de altitude, como algum tipo de discurso intelectual elegante. Já vimos isso demais, e é um desperdício de energia. É preciso chafurdar nos detalhes, como se você estivesse na sala de reuniões de cada concorrente. Parece difícil? É claro que é. Mergulhar fundo na cabeça dos concorrentes exige rigor e disciplina. Mas, se há uma coisa que já vimos muito, são os criadores de estratégias subestimarem os concorrentes no presente; por exemplo, dizer com desdém "Aquela empresa tem preços malucos; assim, vão falir", em vez de perguntar: "Será que nosso custo é alto demais?". Para piorar, eles também imaginam a concorrência estagnada quando preveem o futuro. Sinto muito, mas não podemos deixar de repetir. As pessoas não se ajudam. Na análise, estão sempre avançando enquanto os concorrentes ficam parados. Isso é loucura. O antídoto só pode ser o seguinte: na hora da análise de mercado, tenha medo, muito medo.

No segundo slide, monte uma avaliação de toda a atividade recente da concorrência, em termos de produtos, tecnologia e movimentos de pessoal que mudaram a paisagem competitiva. No terceiro, mostre o que vem fa-

– 38 –

zendo no mesmo aspecto, no mesmo período. O quarto slide identifica o que está por vir, principalmente o que lhe causa muita preocupação: o novo produto do concorrente, uma fusão que pode abalar tudo ou um disruptor de outro setor que aparece para ocupar espaço. E o quinto e último slide identifica o que você vê como seu grande passo, assombroso e vencedor, para mudar e dominar esse mesmo espaço, cheio de concorrentes antigos, novos e em potencial.

É óbvio que a abordagem dos Cinco Slides reflete nossa crença de que a criação de uma estratégia não é uma empreitada extremamente cerebral, mas uma questão de encontrar o *grande a-há* de seu negócio, pôr as pessoas certas nos cargos certos para promover o a-há e buscar incansavelmente as melhores práticas para conseguir esse a-há. (Só para registrar: definimos "grande a-há" como a maneira inteligente, realista e relativamente rápida de conquistar uma vantagem competitiva sustentável.)

Agora, há cerca de uma década, quando começamos a falar dela, a abordagem dos Cinco Slides na criação de estratégias foi recebida como algo "fora das quatro linhas". Não surpreende, pois o currículo dos MBA da época (para não falar das empresas de consultoria que contratavam muitos formandos) era montado em torno do processo de criação de estratégias da maneira mais complexa possível e tornando humanamente possível.

No entanto, nos últimos anos observamos um movimento significativo rumo a processos de estratégia mais velozes e flexíveis, que promovam agilidade. Afinal, ser ágil é muito importante. Em uma conferência de tecnologia a que comparecemos não faz muito tempo, por exemplo, Paul Jacobs, então CEO da Qualcomm (e hoje, presidente executivo do conselho administrativo), observou que sua equipe realizava revisões informais da estratégia todo mês e, se o mercado exigisse, com mais frequência. Na plateia, ninguém ficou chocado com essa declaração, e muitos fizeram que sim, como se soubessem exatamente do que ele estava falando.

O que nos leva de volta à HDS. Antes da surra, ela também não estava exatamente presa aos antigos hábitos de estratégias, mas ainda não adotara os novos. Só que a crise mudou isso, para dizer o mínimo. Em vez de sessões trimestrais de criação de estratégias, a empresa passou a fazer revisões do mercado toda quinta-feira.

É, toda quinta-feira.

Igualmente significativo — e isso é fundamental —, a empresa assegurou que o processo de revisão da estratégia (e da tática) das quintas-feiras fosse um exercício de exploração do mundo externo.

– 39 –

Veja, com muita frequência, a criação de estratégias se transforma em um monte de gente em uma sala sem janelas (literal e figurativamente) falando de história. De tendências que viram. De quem fez o que na época. De coisas que sabem ser verdade porque é assim que sempre foi. Do jeito que a situação parece funcionar nos negócios. Do que está acontecendo na empresa agora mesmo, como o que ela pode ou não fazer por causa dessa ou daquela pessoa.

Não, não, não.

A criação eficaz de estratégias fala do futuro e do mercado. Os clientes e concorrentes de hoje, amanhã e daqui a um ano, a tecnologia que vai aparecer mais cedo ou mais tarde, os produtos ainda não inventados, os eventos sociais e políticos iminentes. Qualquer coisa, desde que esteja *lá fora*.

Na HDS, "eu fazia todas as conversas sobre estratégia retornarem ao mercado", diz Joe. "Nunca teríamos sucesso falando sobre nós e o que podíamos ou não fazer. Tínhamos que falar de clientes, concorrentes, novos produtos, novos serviços, novas tecnologias. O que mais há por aí?"

Essa é uma ótima pergunta.

Vamos agora nos voltar para nossos dois últimos conselhos para sobreviver a uma surra e, na verdade, para melhorar por causa dela.

CAIA NA REAL EM RELAÇÃO À SUA ARQUITETURA SOCIAL

A arquitetura social descreve como a empresa organiza o pessoal — as relações de responsabilidade — e como se transmite o que e quem é importante para a empresa. Em poucas palavras, falamos do "organograma".

Em geral, nas empresas as pessoas evitam falar de organogramas porque eles são chatos, ainda mais quando se fala de organizações com muitas linhas tracejadas. Os organogramas também podem deixar algumas pessoas nervosas, principalmente quem se preocupa muito com a altura de sua caixinha em comparação com as dos outros. Mas a questão aqui não é essa.

A questão é a seguinte: em nossa experiência, muitíssimas empresas ainda apanham porque sua arquitetura social não mudou com o tempo. E, para ser ainda mais específico, porque muitas vezes a arquitetura social é uma relíquia do passado, com as funções de TI e gestão de riscos, fundamentais hoje em dia, subordinadas ao nível errado (não se compreende sua importância) ou à função errada (não se compreende o valor que agregam).

Agarrar-se à arquitetura social desatualizada não é algo malévolo, é claro. Mas ainda acontece. É um hábito histórico que resta dos dias em que o agradável advogado semiaposentado ou o contador, já velho, encarregado da gestão de riscos conversava algumas vezes por ano com a auditoria da empresa e dava uma olhada no pessoal. Quanto à TI, bom, era para esse número que você ligava quando queria fazer uma videoconferência com a equipe externa.

É claro que hoje a TI tem uma função estratégica importantíssima em praticamente todas as empresas. E, com a ascensão do cibercrime e a proliferação da regulamentação governamental, a gestão de riscos também deveria ter.

Mas, em várias empresas, ainda observamos que a arquitetura social não reflete a realidade. Os gerentes de risco fazem relatórios ao conselho administrativo duas vezes por ano, recebem tapinhas nas costas e são mandados de volta à caverna. Do mesmo modo, os líderes de várias empresas não deixam o diretor de informática entrar na sala para conversar sobre estratégia. Claro que sabemos de onde vem esse medo. Mesmo com o surgimento de soluções de baixo custo baseadas na nuvem, a impressão que ainda se tem é que a TI vive pedindo quantias imensas para atualizar este ou aquele sistema, ou para algum outro projeto tecnológico de infra-estrutura "urgente" que ninguém consegue entender. "Caramba", pensam todos, "pare com todo esse blá-blá-blá tão caro."

No entanto, o custo de marginalizar a gestão de riscos e o diretor de informática é terrível, e fica visível quando a empresa acabou de levar uma surra. Veja o caso da Target. Pouco antes do Natal de 2013, durante o pico da maior temporada de vendas do ano, a loja teve a tarefa extremamente desagradável de anunciar que ciberladrões tinham invadido seu sistema e acessado as informações das contas de setenta milhões de clientes.

Setenta milhões!

A Target não é a única. Pense no fiasco da Sony, hackeada na época do lançamento do filme *A entrevista*. Foi praticamente um incidente internacional. Pense na GM, que fez o *recall* de milhões de automóveis por causa de um defeito fatal da ignição depois de treze mortes. Pense no JPMorgan Chase, que perdeu bilhões de dólares devido ao caso chamado de A Baleia de Londres.

Quanto sofrimento. O desastre não precisava acontecer para que as empresas examinem quem se reporta a quem e com que frequência. É claro que não há arquitetura social "ideal". Só há a arquitetura social "ideal" de cada empresa específica e seu mercado. Dito isso, hoje é difícil pensar em uma empresa que não precise que os cargos de risco e tecnologia da informação sejam ocupados pelos seus maiores talentos, que entendam não só sua função imediata, mas a estratégia de negócios como um todo, e sejam intimamente ligados à alta liderança em uma relação de responsabilidade de alto nível e presentes na sala em todas as conversas importantes.

FINALMENTE, PREOCUPE-SE DE FORMA MAIS PRODUTIVA

Ano passado, recebemos de uma velha amiga um e-mail à meia-noite. Essa amiga, que aqui chamaremos de Julie, administra uma agência de publicidade de dois milhões de dólares, com uma equipe de doze pessoas em meio-período. E está pensando em contratar mais, na verdade; os negócios estão bombando. Mas sua missiva tarde da noite dizia: "Estou me preocupando constantemente hoje em dia. É burrice me preocupar, certo?".

Errado.

Só é burrice se preocupar com a preocupação. É inteligente se preocupar, desde que você identifique com o que está se preocupando e encare essa coisa de frente.

Veja, não precisamos insistir nesse ponto, a não ser para dizer o seguinte: nos negócios, preocupar-se pode ser um sinal de que você está prestes a levar uma pancada. É seu sistema de alerta precoce, baseado apenas em... coisas... impressões vagas. Um grande cliente que leva algumas horas a mais para responder aos e-mails. Tuítes positivos inesperados sobre o produto de um concorrente que você desdenhou. O senhorio que faz ruídos evasivos sobre o plano de vender o prédio "algum dia".

Esse tipo de dado molenga e nebuloso faz parte do dia a dia de todos os gestores e, com demasiada frequência, não recebe atenção. Como dissemos no capítulo anterior, o "trabalho" atrapalha. Nossa mensagem lá era que o alinhamento faz parte do trabalho. E nossa mensagem aqui é que a preocupação — a preocupação *construtiva* — também. É preciso fazer a dolorosa identificação de qual tendência, ocorrência, comentário sem cerimônia ou sabe-se lá o quê causou a sensação de "epa" na boca do estômago, e depois fazer a investigação igualmente dolorosa para saber se sua preocupação é justificada ou paranoica. Você ganha nas duas opções. Se descobrir que a preocupação é justificada, pode consertar as coisas antes que seja tarde demais. Se descobrir que estava sendo paranoico, pode descansar tranquilo por saber que, pelo menos dessa vez, não vai precisar reclamar: "Droga, eu sabia que ia acontecer".

Infelizmente, nossa amiga Julie não quis fazer isso. Quando a pressionamos para identificar a fonte da preocupação, o melhor que conseguiu foi: "Estou com a sensação de que Harry está chateado comigo". Harry era o vice-presidente de marketing de seu cliente mais influente e o principal contato de Julie lá.

Então, a aconselhamos a visitar Harry para confirmar a preocupação. Ela hesitou. Adivinhe: estava ocupada demais.

Na reunião mensal seguinte, adivinhe outra vez: a agência de Julie foi descartada com uma ladainha de reclamações sobre o mau desempenho da equipe. Na verdade, aludimos a essa pancada no começo deste capítulo.

Ela nos telefonou pouco depois. "Estou aqui, sentada no carro. Não consigo tomar coragem para voltar ao escritório e contar a todos. É humilhante demais", disse ela. "Farei isso amanhã." Não sugerimos outra coisa. Como já dissemos, as pancadas doem muito.

Também não quisemos nos lembrar do e-mail à meia-noite. Mas ela o recordou. "Eu lhe disse que estava preocupada", disse ela.

É, disse. Mas não o suficiente para se preocupar do jeito certo — o jeito que investiga e encontra. Afinal de contas, é muito melhor assumir a própria preocupação do que a pancada.

Vimos Julie recentemente. Harry se foi como cliente, mas ser chutada por ele naquele dia fatídico foi uma ótima experiência de aprendizado. Pelo que conta, ela e a empresa estão melhores porque isso aconteceu.

Em geral, é assim que as pancadas funcionam.

Joe DeAngelo concordaria. "Não quero fazer de novo", diz ele sobre a experiência de quase morte da HDS, "mas aquilo nos permitiu refinar e melhorar tudo o que fazíamos. As crises fazem isso. Elas nos dão rapidez e urgência para consertar muito mais depressa o que está com defeito".

Em 2014, a HDS fez um lançamento de ações com muito sucesso, que deu aos funcionários e proprietários uma ótima oportunidade de comemorar o que era sobreviver a uma pancada.

O fato é que a pancada pode atingir empresas de qualquer tamanho, de um conglomerado multibilionário à portinha de um dono só. A vida é assim. Os negócios são assim.

Lembre-se: caso receba alguma pancada, seria terrível desperdiçá-la.

3

É PRECISO CRESCER

Há um antigo slogan publicitário americano de uma empresa que produz pães e bolos: *"Nobody doesn't like Sara Lee"* [Ninguém não gosta de Sara Lee, em tradução livre]. Foi um clássico instantâneo. Primeiro, por ser encantador e cativante. Depois, porque, em um nível visceral, nos fazia perceber que há poucas coisas na vida com que todos realmente concordam.

O crescimento é um desses temas raros. Todo mundo gosta. Principalmente nos negócios, onde quase todo mundo gosta.

Na verdade, com exceção de um professor que certa vez enviou um artigo chamado "O que há de tão bom no crescimento?" à revista *Harvard Business Review*, acreditamos nunca ter encontrado alguém que não percebesse que o crescimento é o elixir da vida das empresas de todo tipo e tamanho. Um novo produto, um novo serviço, um grande cliente novo... oba! A situação está ficando empolgante por aqui.

Houve um tempo, que alguns recordam com carinho, em que o crescimento fazia parte da ordem natural das coisas. Da Segunda Guerra Mundial até 2008, o ciclo econômico, em termos gerais, teve seus altos e baixos de sempre. Aumentar a receita e o lucro todo ano não era exatamente uma vitória garantida naquele período; a concorrência global era robusta em muitos setores. Mas você conhece o velho ditado sobre a subida da maré. Muitos navios, alguns inteiros, outros nem tanto, são levantados.

Então veio a crise financeira. Não há necessidade de aulas de história nestas páginas. Todos sabemos o que aconteceu nos últimos anos e todos sabemos o que isso fez com os negócios. Foi difícil obter crescimento.

Podemos debater o culpado pelo ambiente de estagnação, mas, veja, é assim que é. Não é possível se virar para o outro lado. Só é possível empurrar. No caso dos negócios, é possível acelerar. Não importa se você é o CEO de uma grande corporação ou gerente de uma equipe de seis pessoas. Quando algo é difícil, como o crescimento hoje em dia, seu serviço é reagrupar a tropa.

O fato é que o crescimento é uma mentalidade. É uma atitude que começa com o líder e é passada para toda a empresa, como uma vela que acende outra na sala escura até o lugar ficar todo iluminado. Lembra-se de Joe DeAngelo, o CEO que tirou a HD Supply do fundo do poço e a levou ao sucesso? Ele explica assim: "Cada pessoa tem que ir trabalhar todo dia sabendo que está em uma empresa em crescimento. O crescimento não acontece se for de outro modo. Se não pensar em crescimento todo dia e falar de crescimento todo dia, ele não vai acontecer".

Amém.

E amém ao porquê. O crescimento é ótimo porque é ele que dá segurança no emprego às pessoas, que paga a faculdade do filho, compra a casa e, ao mesmo tempo, constrói carreiras importantes. O crescimento é uma parte enorme do que torna os negócios divertidos.

Mas como, não é? *Como* crescer até nas épocas de crescimento lento?

Boa parte da resposta a essa pergunta, como você já deve ter suposto, está nos dois primeiros capítulos deste livro. Alinhar missão e valores. Adotar o tipo de liderança que inspira desempenho e inovação. Processar de forma maníaca os dados para promover desempenho, usando a criação rápida e ágil de estratégias. Instalar uma arquitetura social moderna. Preocupar-se de forma produtiva. É claro que essas atividades promovem o crescimento!

Assim, se você está começando *O MBA da vida real* por este capítulo porque parece que o crescimento é seu maior desafio, sugerimos com todo o respeito que comece pelo princípio.

Mas, se está conosco desde a página um, temos algumas alavancas adicionais, que sabemos que são catalisadoras poderosas e eficazes de crescimento; seis, para sermos exatos. Traga olhos novos. Faça o que fizer, não espalhe os recursos. Redefina a inovação para que seja serviço de todos. Ponha seu melhor pessoal nas iniciativas de crescimento. Veja se está remunerando as pessoas pelas coisas certas. E, finalmente, coopte os que resistem ao crescimento — do jeito que for preciso.

OLHOS BEM ABERTOS

Se já se internou em um hospital ou cuidou de alguém internado, você provavelmente conhece o mundo da assistência de saúde domiciliar. Com alta do hospital, mas ainda não se sentindo 100%, de repente você está de volta a seu quarto, cheio de instruções para fazer todas as coisas que as enfermeiras faziam por você. Só precisa dos suprimentos.

Entra em cena uma empresa como a AssuraMed. Uma das divisões da AssuraMed se chama Edgepark Medical Supplies, que trabalha com vendas a distância e existe para vender a você, consumidor, de luvas de borracha a bombas de insulina e, ao mesmo tempo, resolver os pedidos de reembolso com o seu seguro de saúde. Outra divisão, a Independence Medical, vende os mesmos produtos a lojas de produtos médicos, cerca de dez mil delas.

Em vários aspectos, a AssuraMed é o arquétipo da história de sucesso americana. Fundada em 1928 como farmácia de bairro, expandiu-se em 1968 para a venda domiciliar de produtos, tornou-se regional e depois nacional. Faturava cerca de quatro milhões de dólares por ano quando a família Harrington, do estado de Ohio, a comprou em 1990. Os Harrington mantiveram a trajetória de crescimento da empresa durante mais de vinte anos até que a venderam a uma empresa de *private equity* em outubro de 2010.

Ao contrário de muitas aquisições do tipo, a AssuraMed não era uma bagunça. A RGH Enterprises, como se chamava antes da venda, era lucrativa, com crescimento de receita na faixa inferior dos dois dígitos. Seus administradores estavam contentes e tinham competência.

Entra em cena o novo CEO, Michael Petras. Michael tinha sido CEO do ramo de iluminação da GE, setor onde até o crescimento incremental era dificílimo. De repente, ao redor dele, Michael viu muitas oportunidades — montes delas, só esperando para serem aproveitadas. Assim, ele animou a equipe com uma mensagem de crescimento "cada vez mais rápido". Na verdade, esse se tornou o novo tema abrangente da empresa. Tornou-se o princípio organizacional e o grito de batalha diário.

Michael lhe diria que ele e sua equipe puxaram, ao mesmo tempo, todas as alavancas que examinaremos neste capítulo. É verdade. Mas, para o bem da discussão, vamos olhá-las uma de cada vez, começando com a tática que ele chama de "olhos novos".

Como em "contratar gente nova".

Não entre em pânico. Percebemos que, se está lendo isto, provavelmente você acha que já tentou de tudo para provocar o crescimento e esgotou cada uma dessas iniciativas. Seus clientes queriam entrega rápida; você adotou a metodologia Six Sigma e reduziu pela metade o tempo de entrega porta a porta. A receita publicitária que sustentava seu site estava caindo; você passou para o modelo de assinatura. Acrescentou todos os novos serviços imagináveis; levou ao limite a expressão "melhores práticas". E o resultado foi legal. Você fez a empresa ter um crescimento real de até 2% reais em uma economia de 2% a 3% e, com um empurrãozinho na produtividade, alavancou esse "crescimento" em aumentos de lucro sólidos, na casa de um dígito. Não era o que esperava, dados os recursos investidos, mas foi o máximo que se poderia esperar hoje.

O problema dessa linha de pensamento é que, provavelmente, você não tentou de tudo. Aceitou demais as circunstâncias. E, para sair desse lugar, é preciso ter novos cérebros em jogo.

Quando a empresa não cresce muito depressa, a última coisa que se quer é começar a contratar. Você gosta de sua equipe, mesmo que sejam só vocês quatro. São experientes; estão com você ombro a ombro, tentando novas iniciativas. Temos empatia por isso. Mas a realidade é a seguinte: você e sua equipe não sabem o que não sabem.

Na AssuraMed, Michael Petras estava cercado de pessoas que tinham "crescido" na empresa. Conheciam o setor da cabeça aos pés. Michael não queria mandá-las embora, porque, como você, conhecia o valor delas, mas em nome de novos pontos de vista transferiu algumas delas para cargos diferentes e trouxe seis novos líderes de fora do setor de saúde, como Hewlett-Packard e Grainger. Talvez no passo mais espantoso, ele contratou uma nova gerente de marketing da Lean Cuisine, divisão de comida congelada da Nestlé. Ela se chamava Kristin Gibbs, que deu uma olhada na AssuraMed e, como Michael, viu uma verdadeira mina de ouro de possibilidades de crescimento. Por exemplo, fazia tempo que a empresa segmentara os clientes por produto. Kristin se perguntou o que seria possível aprender e melhorar se segmentassem por "estado da doença" — urológico, diabético dependente de insulina etc. Do mesmo modo, ela notou que a empresa não tinha alinhado seus programas de marketing aos dos fabricantes. O que aconteceria se alinhassem? A empresa também nunca dedicara muito tempo a se promover junto às enfermeiras. E se começassem a aparecer em suas convenções, a patrocinar almoços e contar a história da AssuraMed?

O impacto das várias iniciativas de marketing de Kristin foi profundo e imediato. Não porque fosse uma nova gestora com novas técnicas de administração, mas porque era uma nova gestora que via a empresa com novos olhos — como era e como se tornaria.

Se quiser crescimento, não importa o tamanho da empresa nem o lugar que você ocupa. Se comanda uma equipe ou um departamento, não demore a trazer um (ou mais) pares de olhos novos para se somar aos seus.

CONCENTRE, NÃO DILUA

A maioria das empresas tem recursos limitados para gastar anualmente em iniciativas de crescimento. Na maior parte das vezes, o orçamento não é suficiente, seja de cem mil ou de dez milhões de dólares; novamente, esse é apenas um fato da vida.

Mas, com muita frequência, o problema do crescimento não é o dinheiro disponível; é como os gestores o distribuem.

Eles polvilham. Um pouquinho nesta iniciativa, um pouquinho naquela, mais um pouco ali, outro lá, até que cada iniciativa recebe uma pitadinha de recursos e todos ficam infelizes. Pelo menos, estão *igualmente* infelizes, certo? Ou assim pensam os líderes fracos que praticam o antigo passatempo corporativo de CAB (cobrir a bunda).

Essa abordagem, por mais comum que seja, só faz perder o jogo. Se quiser crescimento, não segure suas apostas. Vá com tudo para ganhar tudo. Essa é nossa segunda alavanca.

Michael Petras tinha várias maneiras de distribuir recursos para o crescimento da AssuraMed; na verdade, no primeiro ano a equipe de liderança (aqueles olhos novos outra vez!) lhe deu mais de dez opções de investimento. Todas tinham algum mérito; isso foi empolgante. Assim, Michael e a equipe as discutiram por vários dias. Se você estivesse lá, às vezes a intensidade era tanta que o faria se lembrar de uma boa briga de comida à moda antiga. Em última análise, para obter o máximo retorno, eles decidiram só financiar duas. Uma era a iniciativa de segmentação de Kristin, com os projetos de marketing associados. A outra era um desvio significativo para a empresa: entrar agressivamente no mercado de urologia, onde sua presença era desprezível.

Não surpreende que a expansão do negócio de urologia fosse recebida com ceticismo pela velha guarda da AssuraMed. "Já tentamos", disseram. "Nossos concorrentes travaram tudo." Mas Petras argumentou que a AssuraMed nunca correra atrás da urologia com recursos e dedicação. E foi o que a empresa fez em 2012: investiu intensamente em liderança, em uma força de vendas dedicada e na expansão da capacidade de cobrança. Até o fim de 2013, a empresa dobrou de tamanho.

Quem diria? Não quem estivesse acostumado à migalhas.

Uma última ideia sobre crescimento e alocação de recursos. Como dissemos, parece que nunca há dinheiro suficiente para financiar o crescimento do jeito que sabemos que "tem" que ser financiado. "Para fazer esse novo produto decolar, precisamos de pelo menos 150 mil dólares em publicidade", você diria a seu chefe.

"Compreendo. Tome cinquenta mil", pode ser a resposta.

Às vezes, cinquenta mil é só o que há para gastar no orçamento. Outras vezes, cinquenta mil é tudo o que você obtém, por causa do hábito de dividir em migalhas.

Não importa. Nessas situações, sua única esperança é inovar em torno do problema. Libere a criatividade em vez dos dólares.

Como fez a WestJet Airlines.

Foi assim: em dezembro de 2013, com os concorrentes gastando muito mais e diante da falta de conscientização do mercado alvo, a WestJet escolheu dois voos que iam de Toronto a Calgary e instalou na área de espera um quiosque em formato de presente com uma tela digital. Um Papai Noel interativo cumprimentava os clientes antes do embarque. "Ho-ho-ho", dizia ele, "quem você é e o que gostaria de ganhar no Natal?" Parecia bastante inofensivo: a maioria entrou na brincadeira e respondeu. Uma câmera, disse um cliente. Meias e cuecas, disse outro. Um liquidificador. Um cachecol quente. E assim por diante.

Os passageiros embarcaram, e provavelmente 90% deles se esqueceu do encontro com o Papai Noel. Mas, sem que ninguém soubesse, o pessoal da WestJet em Calgary fazia compras freneticamente para atender a cada desejo. E, quando 250 pessoas pousaram e foram para a esteira, em vez de bagagem, foram recebidas com presentes embrulhados e etiquetados.

Desafiamos você a assistir ao vídeo no YouTube sem se emocionar. Experimente; 36 milhões de pessoas já assistiram.

Sim, a medida desesperada e maravilhosamente inovadora de marketing da WestJet resultou em 36 milhões de visualizações. Não sabemos quantos milhões custaria para comprar esse número de impressões na publicidade convencional, mas sem dúvida várias ordens de magnitude a mais do que a empresa gastou em presentes.

Veja, o fato é que raramente há dinheiro suficiente para todas as iniciativas de crescimento. Portanto, gaste o que tem, gaste o que pode. Só não polvilhe.

TODOS NO CONVÉS

Vamos falar mais um pouquinho de inovação, porque ela é o motor de crescimento que parece receber a divulgação mais cintilante e a retórica mais empolada de praticamente todas as cartas de CEO em relatórios anuais.

Tudo bem, tudo bom; acabamos de usar a brilhante ideia de marketing da WestJet como exemplo do poder da inovação para mudar o jogo.

Mas, em termos gerais, nossa opinião é que a maioria das pessoas e comentaristas de negócios pensam em inovação de forma muito estreita e, em consequência, perdem todo tipo de possibilidade de crescimento.

Eis o problema: nossa cultura tem a noção — o estereótipo, se preferir — de que a inovação cabe aos Edison, aos Einstein, aos Jobs do mundo. Os gênios superbrilhantes, praticamente de outra dimensão, que somem em seus laboratórios ou covis e saem com uma invenção que muda tudo.

Essas pessoas raras e maravilhosas existem, é claro, e damos graças por elas.

Mas, para provocar o crescimento de sua empresa, é preciso deixar de lado o que essas pessoas raras e maravilhosas nos dizem sobre a inovação — que é feita por gênios solitários e que só tem a ver com grandes descobertas que mudam tudo. Esse padrão é alto demais. Deixa de fora gente demais e faz pensar que "inovação é para os outros, não para mim. Posso ser inteligente, mas não o bastante".

É como largar o emprego no primeiro dia de trabalho.

Escute: nos negócios, a inovação é mais provável quando (também) é definida como aprimoramentos incrementais que são tarefa de todos. Pode e deve ser uma coisa *normal*, contínua e constante. Pode e deve ser uma mentalidade que faz todos os funcionários, em todos os níveis da empresa, pensarem ao entrar toda manhã pela porta: "Hoje vou descobrir um jeito melhor de fazer meu serviço".

Pense no que poderia acontecer. De repente, a inovação se torna um jeito de fechar a contabilidade do trimestre em seis dias em vez de oito, melhorar o giro de estoque em 5% por trimestre ou usar tecnologia para ligar para quatro clientes por dia em vez de três. A inovação se torna um movimento de massa para melhorar continuamente o modo de fazer o trabalho. E raramente um movimento de massa deixa de causar impacto.

Agora, uma coisa sobre essa mentalidade. Ela não acontecerá com alguns discursos do chefe. "Inovação é ótimo! Precisamos dela!" Pode esquecer. As pessoas vão assentir, talvez até aplaudir, voltar à mesa e retornar ao trabalho real sem nunca mais pensar em inovação. Não, esse tipo de mentalidade exige uma cultura de reconhecimento na qual os líderes homenageiem ao máximo as melhoras incrementais. O Samuel do *call center* deu um jeito de aumentar em 5% a taxa de retenção de clientes? Hora de uma festa para brindar à sua descoberta, com a recompensa muito pública de duas entradas para um show incrível que haverá na cidade. Marie deu um jeito de evitar o tempo de inatividade na fábrica com uma pequena mudança dos horários, que todos preferiram? Mande a família dela para o Disney World. Seja o que for; os detalhes não são importantes. Só comemore de um jeito que pareça correto e faça sentido. (Sabendo, é claro, que comemoração nunca, e repetimos, nunca significa jantar com o chefe. Porque não importa se o chefe é divertido e maravilhoso, e alguns são; jantar com o chefe também é trabalho.)

Pronto. Neste tópico, é isso aí. Resultado: como todo mundo, nos sentimos inspirados por grandes inventores. Mas há muitíssimas oportunidades de crescimento em uma contranarrativa, e em uma que é igualmente verdadeira. Não é preciso ser um gênio para deixar uma marca significativa.

Só é preciso acreditar que as melhoras incrementais também são inovação.

COMBINE TAREFAS E TALENTOS

Neste capítulo, defendemos que, quando se trata da alocação de recursos para o crescimento, é preciso "ir com tudo". Agora, queremos defender que esse mesmo princípio se aplica às pessoas que você escolhe para as iniciativas de crescimento. Que sejam as melhores. É a única opção que dá certo.

"É claro", pensa você. "Isso é óbvio."

É mesmo, mas não acontece com a frequência e a profundidade necessárias.

Nem mesmo em empresas muito inteligentes.

Um exemplo: recentemente, um de nós compareceu a uma revisão operacional da Hussmann, fabricante de equipamento de refrigeração do meio-oeste americano. É uma empresa sólida, com novos líderes engajados, que se recupera bem depois de ficar órfã de um conglomerado. A sessão foi dominada pela discussão das principais iniciativas de crescimento da empresa e seu progresso. Cada uma delas tinha, claramente, potencial de mercado. Todas foram adequadamente financiadas. Mas o resultado chegava mais devagar do que todos queriam e esperavam. O que estava acontecendo?

Uma das respostas a essa pergunta foi fascinante e importantíssima para nossos propósitos aqui. Veio quando o CEO Dennis Gipson, que comandava a reunião, teve autoconfiança para recorrer a Scott Mannis, diretor de RH. Dennis sabia que Scott tinha feito uma análise completa da situação, e seu achado indicava uma desconexão abismal entre o nível de talento exigido para lançar as iniciativas de crescimento e o talento realmente designado para elas.

A Hussmann era uma empresa que, felizmente, tinha um sistema rigoroso de avaliação de desempenho, que diferenciava os funcionários em camada superior (cerca de 20% do total), médios a bons (os 70% intermediários) e os que não atendiam às expectativas (os 10% inferiores).

Com essas informações, Scott criou o gráfico que apresentou aos colegas naquele dia. Mostrava cada uma das iniciativas de crescimento da empresa no eixo vertical e, no alto, no eixo horizontal, as categorias (20-70-10) de pessoal designadas. O gráfico resultante mostrou com clareza que não havia quantidade suficiente do pessoal melhor nas iniciativas de alto crescimento. Eureca.

Esse é um gráfico a que todas as empresas que buscam o crescimento — em outras palavras, todas as empresas, ponto — deveriam confiar a vida. Repetimos: um gráfico desses muda o jogo. Põe o processo de gestão de pessoal bem no meio da ação. Quem quer crescimento precisa equipar os motores com as melhores peças.

Para a sorte da AssuraMed, a compreensão da importância de pôr as melhores pessoas nas iniciativas de crescimento era algo que Michael Petras trazia consigo. Ele escolheu um gestor da empresa com potencial elevadíssimo para comandar a incursão pela urologia. Michael acreditava que a nova unidade precisava do poder de fogo daquele gestor, mas também sabia que deslocar e concentrar um craque do negócio principal seria uma declaração claríssima à empresa da importância estratégica da iniciativa de crescimento. Essas nomeações, como observamos no Capítulo 1, falam mais alto do que cem discursos.

Não surpreende que, quando Michael o procurou para dar a notícia, o gestor tenha ficado perplexo.

— Meu cargo já é melhor do que esse! — protestou ele.

— É verdade — concordou Michael, — mas você é um dos melhores da empresa. A nova iniciativa precisa de você. A empresa precisa de você. E assim tem que ser. O crescimento não comanda a si mesmo.

MANTENHA A REMUNERAÇÃO RENOVADA

A próxima alavanca de crescimento é a mais detalhada. A mais entrincheirada. A mais resmungona, se preferir.

É medir e remunerar as pessoas pelo crescimento.

Lembra-se de que, no capítulo anterior, dissemos que *big data* é ótimo, desde que você não se afogue no novo oceano imenso das informações? Nossa questão, se é que você se lembra, era que hoje em dia os dados podem lhe dizer muitas coisas, mas seu melhor uso é para ajudar a identificar os itens práticos que realmente promoverão o crescimento e reduzirão o custo.

É claro que os dois são relacionados. O que realmente promove a lucratividade? As vendas, a margem, o custo de aquisição de clientes ou a retenção deles? A melhora dos recursos do produto ou os contratos de serviço a longo prazo?

Talvez você já saiba a resposta a essas perguntas. Isso é ótimo; é o que deveria saber.

Mas, então, você mede e remunera seu pessoal de acordo com o desempenho? Não diga que sim sem realmente examinar a questão. Porque a história é a seguinte: os sistemas de desempenho e remuneração ficam estagnados com o tempo e, no mundo de hoje, com as mudanças rápidas da tecnologia, isso acontece dez vezes mais rápido do que antes. Portanto, talvez você ache que sua empresa mede e paga as pessoas da forma certa, mas esse pensamento pode ser mais imaginoso do que exato.

Voltemos ao exemplo da AssuraMed. Quando se tornou CEO, Michael Petras ficou surpreso ao saber que a equipe de vendas era medida e remunerada de acordo com o sucesso das vendas *passadas*.

Mais especificamente, os vendedores recebiam comissão sobre seu "livro de negócios" histórico, com uma porção muito menor paga de acordo com as novas contas e a atividade telefônica externa. O resultado foi que alguns vendedores passavam a imensa maioria do tempo administrando as grandes contas existentes, sistema que lhes garantia boa comissão, mas pouco fazia pela possibilidade de crescimento da empresa.

Que tal essa pancada?

Pouco depois, Michael mudou a remuneração da equipe para se basear no valor do crescimento das vendas, do crescimento da margem e da contagem de clientes.

Alguns vendedores não ficaram muito entusiasmados. Como condená-los? Durante anos, administraram as contas grandes existentes e receberam o grosso das comissões disponíveis. Mas, com a possibilidade de trabalhar em uma empresa de crescimento rápido, a maioria deles decidiu experimentar. E, sem dúvida, logo a AssuraMed viu a tendência da receita e da margem melhorar em níveis sem precedentes. Além disso, o novo plano permitiu que mais vendedores participassem do desempenho geral da empresa. Em última análise, sem muito problema, tanto os vendedores quanto a empresa se beneficiaram enormemente da mudança.

Percebemos plenamente que reexaminar e, às vezes, renovar o sistema de medição e remuneração de todas as funções da empresa de dois em dois anos parece oneroso. Entendemos. Como dissemos no começo, essa alavanca é a mais detalhista.

Mas os sistemas de remuneração ficam estagnados com muita frequência. E, quando se trata de fomentar o crescimento rápido em um mundo em crescimento lento, é uma boa ficha a usar.

A CONCORRÊNCIA... INTERNA

Nossa última alavanca nos permite falar novamente do *curling*. Parece que não nos cansamos dessa metáfora.

No primeiro capítulo, deixamos claro que os líderes deveriam agir como os jogadores que varrem o gelo, removendo os obstáculos do caminho, enquanto os colegas empurram a "pedra" na direção da rede. E, para completar a metáfora, com "obstáculos" queríamos dizer as barreiras e os entraves burocráticos.

O mesmo se aplica ao crescimento. Só que os obstáculos à iniciativa de crescimento não são só as barreiras e os entraves burocráticos. Também não são os funcionários resistentes, mesquinhos e invejosos da "antiga" empresa, que se ressentem do dinheiro e da atenção esbanjada à nova e pequena iniciativa em seu meio.

Eles a odeiam.

"A alta administração só fala disso. Não tem futuro", se queixam. "Estão inundando o lugar de dinheiro. Nós ganhamos e eles gastam."

Ah, a natureza humana.

Em certo nível, esses resistentes não conseguem prejudicar a nova iniciativa de crescimento. Só o que fazem é resmungar e reclamar, não? Mas, por outro lado, seus subterfúgios podem cobrar um preço real. Eles podem resistir a compartilhar informações sobre clientes e fornecedores. Podem ocultar informações ou ideias importantes, relevantes e úteis nas reuniões. Podem encontrar mil jeitinhos para não colaborar nem cooperar e matar a probabilidade de sucesso da iniciativa de crescimento com mil pequenos cortes.

Pior de tudo, podem manter seu melhor pessoal escondido da nova empreitada de crescimento, usando desculpas de todo tipo. "Não podemos abrir mão de Mary antes do fim do trimestre; os clientes não vão aceitar", ou "John não quer trocar de cargo este ano, ele vai ter um filho". Esse tipo de comportamento, o entesouramento do pessoal, é o maior pecado dos que resistem ao crescimento. É cem vezes mais difícil começar algo novo do que administrar uma divisão de cinquenta anos e trezentos milhões de dólares, com todos os clientes já instalados e todos os sistemas funcionando.

Assim, a última alavanca para puxar, e puxar com força para estimular o crescimento, é cooptar os que resistem a ele. Identifique-os, neutralize-os e redirecione-os. Às vezes, uma conversa objetiva sobre missão e comportamentos resolve. Mas, sem dúvida, é bom trazer a artilharia pesada e relacionar uma porção significativa do bônus da velha guarda ao sucesso da iniciativa de crescimento. Nesse tipo de circunstância, a carteira ajuda muito a concentrar a mente. Se não der certo, os que resistirem terão de partir. Eles matam o crescimento.

Seja qual for a tática escolhida, saiba o seguinte: toda iniciativa de crescimento enfrenta uma competição difícil fora da empresa. O trabalho do líder — e queremos dizer líderes em todos os níveis — é assegurar que ela não exista também internamente.

Como catalisar o crescimento? Em todos os setores e regiões geográficas, há a mesma pergunta ansiosa. Em todo lugar onde estivemos, em todo lugar para onde vamos, todo mundo quer saber como crescer mais depressa em um mundo de crescimento lentíssimo.

Nossa resposta a esse desafio está nos motores que já descrevemos. Mas a verdade é que, em certo nível, todo este livro fala de crescimento. Os grandes líderes levam ao crescimento. As grandes equipes levam ao crescimento. A grande estratégia leva ao crescimento. A grande análise de dados leva ao crescimento. Os grandes planos renovados de remuneração levam ao crescimento.

Você entendeu aonde queremos chegar com isso.

– 55 –

E é por essa razão que, quando falamos com Michael Petras, da Assura-Med, sobre o aumento de 30% da taxa de crescimento da empresa que sua equipe conseguiu, ele nos disse: "Fizemos tudo ao mesmo tempo".

Sim, ele puxou todas as alavancas certas. Trouxe olhos novos. Não mitigou a alocação dos recursos e designou o melhor pessoal para as iniciativas de crescimento. Mediu e remunerou o desempenho em torno de metas. Transformou a inovação em um serviço de todos. E, se alguém tentasse minar as iniciativas de crescimento, ele deixou claro que não haveria uma segunda vez.

Tudo deu certo. A empresa continua a crescer — em 2014, ultrapassou um bilhão de dólares em vendas —, e a melhor parte, para nós e para Michael, foi como seu pessoal se sentiu. O crescimento energiza a todos que toca. É muito empolgante.

Empolgante e imperativo. Na natureza, o que não cresce está morrendo. O mesmo acontece nos negócios. Sem dúvida, essa é uma época de crescimento global lento. Às vezes, parece que se manter no mesmo nível do ano ou trimestre anterior já é uma vitória. Mas o crescimento é tão vital para tornar o trabalho divertido e significativo que você não pode acreditar que a estase é o status quo.

Só o crescimento serve de status quo — e isso é ótimo.

4

GLOBALIZAÇÃO: É COMPLICADO

VOCÊ PODE AMAR ou odiar o Facebook, mas não pode negar a inteligência do modo de rotular um dos status de relacionamento como "Complicado". Todo mundo entende o que significa. Você está em uma confusão sem a qual não consegue viver.

Exatamente como a globalização.

Veja, seria ridículo escrever um livro que diz abordar os desafios reais das empresas de hoje sem falar sobre o bom, o ruim e o feio de trabalhar em mercados estrangeiros. Seria igualmente ridículo agir como se fossem poucos os conselhos para se dar bem na globalização. Céus, eles são onipresentes.

Muitos desses conselhos são bons. Alguns são ótimos. E eis a boa notícia: tentaremos não repetir o que você já viu nas duas categorias. Em vez disso, gostaríamos de falar de coisas geralmente não abordadas. As coisas que, acreditamos, realmente fazem diferença quando se fazem negócios transfronteiras. Nossas ideias vêm de quarenta anos de trabalho (de um de nós) em um conglomerado global e, mais recentemente, do trabalho (dos dois) com dezenas de empresas de todos os tipos e tamanhos, que fazem negócios no exterior. A partir dessas experiências, postulamos que, ao lado das antigas soluções, há quatro elementos globais para ter sucesso na globalização. Talvez sua empresa já tenha encontrado alguns. Outros podem lhe parecer novos. Por exemplo, raramente ouvimos falar da importância do discernimento na globalização, mas para nós ele talvez seja a qualidade mais essencial de um gerente global. Veremos mais sobre isso adiante.

Conhecidos ou não, vamos examinar sem mais delongas cada elemento vital fazendo (e respondendo) as seguintes quatro perguntas:

1. NOSSA INICIATIVA DE GLOBALIZAÇÃO É VANTAJOSA PARA TODOS?

Certo. Doeu? Se doeu, você não é o único. Por alguma razão, várias empresas — até as boas e inteligentes — entram em iniciativas globais com a mentalidade do caçador. Vão abrir à força novos mercados de exportação, impor seu produto aos canais de distribuição locais ou espremer até quase zerar o custo dos fornecedores. A ideia toda é *dinheiro rápido*.

Mas sabemos que os negócios não funcionam assim ou, pelo menos, não por muito tempo.

Vejamos a exportação.

É verdade, houve uma época, digamos, há uns 25 anos, em que as empresas ocidentais podiam aparecer em mercados estrangeiros, contratar a distribuição local de seus produtos e contar com algum nível de sucesso. Afinal de contas, os produtos ocidentais tinham um enorme valor agregado. A China, por exemplo, não punha no mercado um equipamento agrícola moderno e eficientíssimo; a Índia não produzia máquinas de ultrassom portáteis.

É claro que hoje China e Índia têm seus próprios engenheiros bem treinados e fábricas muito modernas, e muitos outros países também. A Polônia, por exemplo, e, mais recentemente, a Nigéria... A lista de países desenvolvidos e em desenvolvimento com economia nacional saudável cresce a cada ano. Essa expansão de prosperidade é uma ótima notícia.

Mas isso significa que é preciso pensar duas vezes antes de pôr dinheiro em uma estratégia de exportação. É preciso perguntar: "Temos algo realmente único, que esse mercado quer e precisa? Nossa tecnologia é excepcional e revolucionária? Podemos protegê-la de ser facilmente copiada e vendida a preço mais baixo?". Se a resposta a qualquer dessas perguntas for não, seus distribuidores talvez vençam. Provavelmente, você não.

Uma ressalva bem grande aqui. Se seu produto e sua tecnologia não forem exclusivos, uma marca forte pode ser um bom fator atenuante para criar uma situação vantajosa para todos os lados. Na China, quem diria, a Pabst Blue Ribbon, da Miller, é uma cerveja premium, vendida por mais de trinta dólares a garrafa. A marca Kit Kat, da Nestlé, é superpopular no Japão, vendida em oitenta variedades, com sabores como soja, milho gre-

– 58 –

lhado e vinagre com limão. É claro que esses exemplos não se limitam a produtos consumíveis. Nike, Apple, Chanel e American Express são marcas globais e, com certeza, conseguiram criar projetos vantajosos com seus muitos parceiros locais.

Podemos acrescentar aqui que a falta de marcas é um dos maiores desafios da China na próxima década. Você pode contar nos dedos de uma das mãos os produtos do país que é "preciso ter", não é? Compare isso com o Japão e a Coreia que, nos últimos quarenta e vinte anos, respectivamente, despejaram bilhões na criação de nomes domésticos. Pense em Samsung, LG e Hyundai. Quem sabe quando a China vai alcançá-los? Provavelmente, na próxima década. Dito isso, mesmo que demore um pouco mais, é um prazo a que os exportadores que atualmente contam com suas marcas como cobertura precisam dar atenção.

Agora vejamos os fornecedores, que, como a exportação, não são mais como eram. Esqueça a ordenha das operações no exterior; isso é coisa de 1985. Hoje, sem um lado bom razoável para o produtor local, seu esquema acabará desmoronando.

Adoramos o exemplo que vem da David's Bridal, o maior varejista de vestidos de noiva dos Estados Unidos. Durante muitos anos, de acordo com o presidente Paul Pressler, a empresa terceirizou a complexa costura técnica entre dez fábricas chinesas, mas, a partir de 2013, mais ou menos, a empresa começou a sentir que o esquema expunha a empresa a muitos riscos, em termos de aumento do custo da mão de obra, incerteza política e logística cativa. Assim, ela decidiu expandir o compromisso para a única parceria fabril no Sri Lanka, administrada por um empreendedor que tinha se mostrado bem-sucedido na produção de mercadorias de alta qualidade a preço muito competitivo. Por sua vez, a David's Bridal forneceu 25% do capital, treinamento técnico e uma garantia inicial de cinco anos de produção. Isso permitiu que o empreendedor cobrisse o prejuízo inicial e obtivesse investimento externo de capital. "A cadeia de suprimentos é uma arma potentíssima para nós", explica Paul Pressler. "Queríamos ser importantes para nosso parceiro no Sri Lanka e que ele fosse importantíssimo para nós, para trabalharmos juntos por muito tempo."

"Muito tempo" está certo. Porque, em última análise, o segredo para criar um acordo vantajoso nos negócios globais é o horizonte de tempo.

Vindi Banga, que foi executivo da Unilever durante muito tempo — hoje, trabalha com *private equity* — é um tesouro de conhecimentos sobre a globalização e tem uma narrativa bastante conhecida sobre muitas *joint ventures* (JV) que desmoronam. "Tudo sempre começa maravilhosamente", diz ele. "Todos sorriem e apertam as mãos. Todos se sentem muito iguais. A empresa de grande porte acha que está levando tecnologia ou marca, a pequena acha que está levando o mercado local, os contatos e o conhecimento regulatório. É um acordo bom e justo."

Cinco anos se passam, no relato de Vindi. A *joint venture* foi um sucesso, tanto que a maior das empresas quer crescer. Às vezes, ela faz isso comprando o sócio local, que acaba se sentindo usado e, às vezes, zangado e explorado, a ponto de virar concorrente: um resultado nada bom. Em outros casos, ela propõe um acordo. "Vamos investir mais cinquenta milhões cada um", diz ao sócio local, que reclama; isso é mais do que ele tem no banco ou que conseguiria obter com empréstimos. No entanto, na maioria das culturas essa mensagem é vergonhosa, e assim o sócio local recua com "Você está querendo crescer cedo demais" ou "Não estamos ganhando o suficiente para esse tipo de compromisso adicional".

A empresa se irrita. "Você vai nos criar problemas com essa atitude", diz. "Temos concorrentes e precisamos ficar à frente deles."

Com essa conversa, "eles não estão realmente se comunicando", diz Vindi, "e o problema começa". Lenta, mas seguramente, a *joint venture* começa a se desmanchar. Em geral, implode com o grandão encontrando outro fabricante local "mais disposto", isto é, alguém com bolso mais fundo. O parceiro original fica para trás, se sentindo traído.

O problema ocorre com demasiada frequência, comenta Vindi, "porque no começo os sócios nunca se sentaram para pensar no plano de cinco ou dez anos. Parece simplíssimo, mas raramente acontece".

Do mesmo modo, muitas empresas são míopes quando se trata da *duração* da missão global de seus gestores que trabalham no exterior. O fato é que, se quiser um esquema vantajoso para ambos os lados, você não pode mandar seu pessoal para períodos de um ou dois anos. Os sócios locais ficarão entorpecidos com um elenco que muda toda hora. E seu pessoal? Bom, eis como Vindi Banga o descreve: "O primeiro ano é inútil; você não sabe se está indo ou vindo. Tudo tem que ser aprendido", diz ele. "Você fica confuso o tempo todo. Dorme quando a matriz está acordada, está acordado quando a matriz dorme."

"No segundo ano, você começa a entender os costumes e mercados locais, e encontra e cria as relações de que precisa. No terceiro ano, está finalmente funcionando."

Isso mesmo, *terceiro* ano. É quando muitos estrangeiros começam a conversar sobre a volta com os chefes na matriz. Estão cansados. Têm saudade da família. Mas, francamente, é aí que as coisas boas estão começando.

Resultado: se sua meta é uma situação vantajosa para todos — e, globalmente, nossa questão é que precisa ser —, jogue muito limpo e planeje a longo prazo.

Pense nisso como um seguro de descomplicação.

2. ESTAMOS MANDANDO PESSOAS COM A QUALIDADE MAIS NECESSÁRIA, O DISCERNIMENTO?

Alguns clichês são clichês por serem verdadeiros, inclusive aquele sobre pôr seus melhores funcionários, os mais talentosos, em cargos no exterior. De longe, os cargos no exterior parecem glamourosos, mas de perto, nas trincheiras, são dificílimos, cheios de peculiaridades, obstáculos e burocratas do governo. Sem dúvida, é mais fácil administrar uma divisão de cinquenta anos e quinhentos milhões de dólares no país natal do que uma empresa iniciante na Polônia ou na China. Uma funciona redondinha. A outra sacoleja, se inclina e atola com frequência alarmante.

Além disso, todos sabem que é difícil preencher cargos, principalmente no exterior, como vimos em nosso ponto anterior, quando a missão tem que durar vários anos. As pessoas têm família e amigos; têm casas e hobbies. Têm uma trajetória a que aspiram na carreira e temem ser esquecidos. Há uma razão para aquela velha música do seriado *Cheers* ser tão conhecida. Ela é verdadeira: "*Sometimes you have to go where everybody knows your name* [Às vezes você quer ir aonde todos sabem seu nome, em tradução livre]". E não é só às vezes; é em boa parte do tempo.

Por isso, muitas empresas acabam enviando para o exterior pessoas que não são as mais certas. Enviam o ávido, o ambicioso, o aventureiro, o viajante inveterado, os que têm dois passaportes, o MBA que, por acaso, morou na Índia até os cinco anos. Enviam o gerente de RH ou operações que só tem dois anos até se aposentar e não se incomoda em passá-los em um tipo de miniférias com o cônjuge. E, com certeza, algumas, e até muitas, dessas pessoas terão talentos e habilidades valiosos.

Mas a várias falta discernimento, que é algo que nossa experiência nos diz ser a qualidade mais importante para os expatriados serem eficazes. Sim, esse é o principal.

E o que é discernimento? Boa capacidade de avaliação, basicamente. Ou, mais exatamente neste contexto, é a combinação de experiência nos negócios, sensibilidade cultural e a boa e velha sabedoria. É a capacidade e a autoconfiança de saber quando impulsionar ou não a vontade e os modos da empresa por respeito aos costumes e tradições locais.

Duas histórias da Disney demonstram o que queremos dizer.

Em uma delas, a empresa ia abrir sua primeira loja no Japão. A ideia era usar todo o ambiente Disney: criar uma grande experiência de varejo, empolgante e interativa, desde a porta de entrada, com um bando de recepcionistas alegres.

Os executivos japoneses da Disney se opuseram terminantemente ao plano. Explicaram que os consumidores japoneses estavam acostumados a recepcionistas que faziam uma reverência educada e mantinham distância. Qualquer outra abordagem, afirmaram, além de esquisita, seria grosseira.

O líder local da Disney ouviu a mensagem, mas decidiu continuar com os recepcionistas da mesma forma. Engajamento, amistosidade, "alto contato": tudo isso fazia parte do DNA da marca Disney. Os clientes japoneses talvez não gostassem dos recepcionistas no começo, mas passariam a amá-los. E amaram mesmo. Em dois anos, a loja da Disney em Tóquio se tornou uma das mais lucrativas do mundo. (É preciso observar que, hoje, muitas lojas de departamento "nativas" de Tóquio têm recepcionistas.)

Por outro lado, antes mesmo de abrir seu parque temático em Hong Kong, a Disney decidiu se curvar a um importante costume local. Essa questão, de acordo com Paul Pressler, que trabalhou quinze anos na Disney antes de assumir a David's Bridal e é a fonte dos dois relatos, era importantíssima: os assentos de todos os restaurantes da propriedade.

Nos parques Disney do mundo inteiro, os restaurantes oferecem mesas de vários tamanhos, em que as pessoas podem ficar por horas diversas. "O que aprendemos na fase de pesquisa de mercado do projeto de Hong Kong foi que fazia parte da cultura as pessoas comerem todas ao mesmo tempo, geralmente ao meio-dia, sentadas todas em uma só mesa ou em grupos muito grandes", recorda Paul.

Mais uma vez, um debate e uma decisão. O modo como as pessoas fazem suas refeições não era fundamental no DNA da Disney, e mudar esse costume não melhoraria a experiência Disney de ninguém. Assim, as salas de refeições seriam projetadas e guarnecidas para acomodar uma grande mesa ao meio-dia. A prática local prevaleceu.

Mais uma vez, sucesso. É a isso que leva o discernimento. É algo sutil, entendemos. Mas você vai reconhecer quando o vir; ele influencia as grandes e pequenas decisões e se revela como autoconfiança e boa capacidade de avaliação. Essa é a espiral dupla de características que você precisa para enfrentar a sede quando necessário ou resolver divergências espinhosas e, muitas vezes, significativas com os gestores locais. Quando vir esse discernimento em ação, segure esses indivíduos. São eles que darão às suas operações no exterior a melhor probabilidade de prosperar. Eles podem fazer toda a diferença do mundo.

3. ESTAMOS SENDO REALISTAS SOBRE OS RISCOS?

Não é preciso dizer (bom, mais ou menos, já que estamos dizendo) que os empreendimentos globais trazem um novo nível de risco à empresa. É claro que a primeira e mais óbvia maneira de lidar com essa realidade é limitar a sua dependência em um país só, principalmente no caso dos fornecedores. Aliás, essa foi a principal razão para a David's Bridal abrir uma fábrica no Sri Lanka. Por mais satisfeita que a empresa estivesse (e está) com os parceiros chineses, "nos sentimos muito expostos", como explica Paul Pressler.

A segunda maneira de controlar o risco global também é bastante óbvia: exagerar no compliance. Não faz diferença alguma quais são as regras no país onde você faz negócios, se os funcionários podem trabalhar sete dias por semana ou se as fábricas podem ser construídas sem alicerces, coisas assim. Você precisa seguir as regras de compliance de seu país natal, que serão invariavelmente mais estritas, mais seguras e com mais proteção aos trabalhadores e ao meio ambiente. Você deve pensar com obsessão nas "melhores práticas globais" em todos os processos. Sairá mais caro? É claro que sim. Não importa, porque, se um acidente ocorrer, o custo humano e financeiro da economia será muito maior.

Você conhece as histórias trágicas que confirmam nossa opinião aqui. São muitas. Fique esperto.

Por falar em compliance, talvez chegue o momento em que alguém lhe dirá a frase "facilitar gratificações" ou "facilitar pagamentos". Alô, é assim que os subornos começam. Provavelmente você vai se sentir chocado, e deveria. Claro que aqueles que já estão no local há algum tempo vão lhe dizer: "Não se preocupe, aqui é assim que se faz". Alguns colegas seus podem até fingir que não veem, desgastados por anos de pressão para acompanhar os concorrentes. Seja como for, mantenha-se firme. Afaste-se. Tape as orelhas, faça o que for, só não se renda. Sim, a curto prazo, você pode perder negócios para outras empresas que "entram no jogo". Mas, a longo prazo, você será recompensado por se tornar o padrão ouro da integridade. E seu perfil de risco (sem falar da consciência) ficará ainda melhor.

Vamos citar Vindi Banga nessa questão: "Basta um único erro para destruir décadas de reputação cuidadosamente construída com base em práticas éticas". Os líderes precisam ser implacáveis ao investigar e punir os criminosos. Ele acrescenta: "O mais importante, eles têm que ser vistos como implacáveis". Não adianta penalizar o suborno em sigilo.

Finalmente, quando se trata de controlar o risco global, talvez a única história que nunca é demais contar seja a importância de se preocupar com os detalhes ásperos e nojentos.

Realmente se preocupar. Porque não se pode delegar as atividades no exterior a um intermediário, principalmente nos estágios iniciais. Muitos *tradings*, assessores e assemelhados vão acenar. "Conhecemos as pessoas, os costumes e a regulamentação locais", dirão, "deixe que facilitemos sua expansão..." Na verdade, algumas dessas empresas e indivíduos podem ser úteis. Mas você precisa estar na sala com essas pessoas enquanto elas fazem o trabalho delas. Na verdade, precisa estar lado a lado com elas.

Vejamos como exemplo Bunny Williams, a renomada decoradora de interiores que, depois de quatro décadas de carreira solo, decidiu em 2010 criar uma marca própria de móveis, com uma grande variedade de peças produzidas no exterior. Essa, sim, é uma empreendedora: uma ideia de negócio nova em folha, baseada na globalização! Na verdade, a globalização não se limita às grandes empresas. Muitas empresas pequenas operam no exterior, e algumas, como a Bunny Williams Home, sua empresa de móveis, são ótimos exemplos das melhores práticas em ação.

Hoje, com a prosperidade da empresa, Bunny dá o seguinte conselho mordaz: "Não se pode ser global por telefone nem pela internet", diz ela. "É preciso ir lá, entrar nas fábricas, construir o relacionamento, conversar com os artesãos, ficar lá para vê-los trabalhar, observá-los embalar e encaixotar seu produto, conversar com eles sobre logística. Ninguém faz isso melhor do que você, porque ninguém se preocupa tanto."

Enquanto montava seu negócio, Bunny passou seis semanas por ano visitando os fabricantes na China e no Vietnã. Para administrar melhor o risco em torno de qualidade e entrega, ela começou com pedidos bem pequenos a cada fábrica, cem peças por vez.

"Sou pequena. Não posso chegar e fazer montes de exigências. Mas posso fazer o dever de casa e entrar em cada pequeno detalhe", explica Bunny. "Isso leva tempo. Precisa levar."

É importante que esse investimento de tempo não se reduza quando a empresa crescer. Até hoje, Bunny visita as fábricas pelo menos duas vezes por ano, passa dias com os gestores e (usando um intérprete) conversa com os artesãos que fazem o serviço. "É bem cansativo", admite ela, "e muito quente".

Mas ser realista com os riscos é assim. Ao lado das coisas grandes e óbvias, como diversificar os locais e exagerar no compliance, é preciso se preocupar com todos os detalhes, às vezes literalmente.

4. ESTAMOS APROVEITANDO AO MÁXIMO O LADO BOM DE NOSSA INICIATIVA NO EXTERIOR?

Quem conhece alguém que visitou Nova York para ver a Estátua da Liberdade acharia essa pessoa maluca se ela voltasse para casa sem assistir a um espetáculo da Broadway, não é? Mas é assim que várias empresas pensam em suas atividades no exterior. Estão na Índia para ter um *call center*, digamos, ou na Indonésia para fabricar sapatos, ponto final.

Isso é como usar uma viseira. Tornar-se global é caro e arriscado; pode levar anos para ficar lucrativo. Mas, com mais frequência do que a maioria percebe, é possível apressar a lucratividade da iniciativa global expandindo-se para os mercados próximos, desde que seja, como já dissemos, um empreendimento vantajoso para ambos os lados. Quando a David's Bridal começou a usar fornecedores da China, por exemplo, a meta era baixar o preço e reduzir o tempo de entrega para as noivas nos Estados Unidos. No entanto, a empresa logo percebeu que a operação chinesa criava condições econômicas para abrir novos mercados de exportação no Japão e no Brasil. Na verdade, cada vez mais empresas estão usando suas operações no exterior como base para vender globalmente os produtos fornecidos.

Outra maneira de aproveitar ao máximo as atividades globais é capitalizar o que oferecem em termos de inovação.

É, inovação. Todo mercado externo em que você opera é um laboratório de inovação. Por exemplo, em uma visita à fábrica no Vietnã, Bunny Williams observou os artesãos aplicarem verniz em um produto local. "Era tão bonito que fui para casa e projetei toda uma linha nova de mobília envernizada para eles construírem", conta ela. "Foi um enorme sucesso."

– 65 –

Aconteceu o mesmo quando a Unilever começou a vender xampu na Ásia. Eles logo perceberam que a maioria dos consumidores não tinha dinheiro para comprar um frasco inteiro. A empresa reagiu criando pacotinhos com uma dose de xampu, vendidos por centavos. A Unilever poderia ter parado por aí, mas a ideia tinha claro potencial em outros mercados e logo foi levada ao mundo inteiro, com sucesso fenomenal.

Conclusão: os mercados globais não são só para exportar ou fornecer. São para aprender e inovar.

Perder essa oportunidade é perder metade da diversão (e do valor) de se tornar global.

Como dissemos no começo, sabemos que há um mundo de conselhos por aí para se tornar global. Os comentaristas opinam. Os professores se pronunciam. Os veteranos do mercado externo têm suas histórias da guerra. Provavelmente, nenhum desses conselhos, os nossos incluídos, tornará a globalização menos complicada. Como poderia? Os negócios domésticos já têm bastante complicação.

Mas achamos que as quatro perguntas feitas aqui chegam à parte do mundo real no sucesso da globalização. Faça de cada parceria um empreendimento vantajoso para ambos os lados. Só envie pessoal transbordante de discernimento. Preocupe-se com o risco. E pare de pensar em suas operações no exterior como operações no exterior. Elas são postos avançados de expansão e inovação.

Então, depois de tudo isso, empolgue-se. Feita do jeito certo, a globalização pode ser extremamente compensadora para o resultado da empresa e seu cérebro coletivo.

E essa é uma coisa bem descomplicada de amar.

5

MEDO DAS FINANÇAS... CHEGA DISSO

S E VOCÊ TRABALHA em Wall Street, passa os dias nas salas de reunião e nos cubículos das finanças corporativas ou, em algum ponto do caminho, se formou em contabilidade ou análise financeira, este capítulo não é para você.

Este capítulo é para as pessoas de negócios que veem as finanças com medo e, talvez, até repugnância.

Olá, vocês são muitos. E não só entre os recém-chegados aos negócios. Pelo que ouvimos várias e várias vezes, as finanças provocam algum grau de pânico no coração de muitos participantes experientes também.

Para sermos claros, não falaremos do básico mais básico das finanças. Receitas, despesas, renda líquida: essas coisas são bastante simples e quase todo mundo entende na mesma hora. Além disso, a maior parte das pessoas que tem mais de um ou dois anos nos negócios entende quais números movem o desempenho de sua unidade ou divisão. Para o pessoal da produção, pode ser o giro de estoque e o custo unitário. Para o pessoal do marketing, podem ser as contas novas, a retenção de clientes e o aumento das vendas. Para os gerentes de *call centers*, pode ser o tempo necessário para atender, o número de ligações perdidas e a retenção dos funcionários.

Não, quando falamos de medo das finanças, queremos dizer que você se sente vagamente nauseado quando tem que apresentar seu orçamento aos poderes instituídos. Ou você teme não ser suficientemente bom na matemática para entender *de verdade* o que significam todos aqueles números nos slides de PowerPoint. Ou se perde nas reuniões com os diretores financeiros quando as siglas começam a voar, e como voam. DCRR, EBIT, EBITDA, blá-blá-blá.

Basicamente, para você as finanças parecem uma língua falada em um país onde você nunca morou.

Nossa meta neste capítulo é resolver esse "problema". Não estamos prometendo especialização instantânea, de jeito nenhum. As finanças, como todas as funções nos negócios, são um corpo com nuances de conhecimentos, que exige anos para ser dominado. Mas, escute, você não precisa ser fluente em francês para se divertir em Paris. Só precisa conhecer os termos essenciais para se virar e os pontos turísticos que tornarão sua visita significativa. Em conjunto, esse conhecimento pode transformar o turista sem noção em visitante bem-informado.

O mesmo acontece com as finanças. Há termos que você realmente precisa conhecer: fluxo de caixa, para começar, mais os componentes do balanço e da demonstração de resultados. Mas, principalmente, você precisa de um mapa mental — um mindset, se preferir — que diga "quando se trata das finanças, meu interesse principal é a análise de variância".

Ah, adoramos a análise de variância: a comparação dos principais números mês a mês ou ano a ano, ou com o plano, para ver o que está dando certo ou não em sua empresa. Adoramos a análise de variância quando pensamos em uma aquisição e a usamos para testar os pressupostos por trás das previsões. Adoramos as sessões de planejamento de longo prazo, quando a análise de variância é a força motriz de perguntas como "O que o faz pensar que os concorrentes ficarão estáticos enquanto conquistamos participação?" E esperamos que, no fim deste capítulo, você também passe a amar a análise de variância. Porque a análise de variância é o *a-há* das finanças. É o que nos incentiva a espiar os números por dentro, decompô-los, debater sua importância e avaliar as portas que se abrem e se fecham. É a parte das finanças que nos impele a entender "os números" como são: um meio de tomar decisões melhores nos negócios.

Para citar um imperativo da liderança do Capítulo 1, a análise de variância é a parte de *busca da verdade* das finanças. É a discussão que, mais do que tudo, revela o mundo real com todas as suas possibilidades, riscos e complexidade. É ao mesmo tempo um refletor e um microscópio, uma superferramenta tão útil que a única coisa que deveria dar medo é o que você vai perder se não a usar.

COMO ESTÁ NOSSA SAÚDE?

Antes de nos voltarmos para os componentes dos balanços financeiros e da análise de variância, um pequeno desvio.

Com certa frequência, nos perguntam: "Como gestor, com que número eu mais deveria me preocupar?". Ou, em outras palavras: "Que razão financeira me dá a melhor leitura da saúde geral de minha empresa?". Às vezes, essa pergunta é seguida por respostas presumidas. "É o retorno sobre o investimento (ROI) ou o retorno sobre as vendas (ROS)?", ouvimos. "É a liquidez seca?" E assim por diante.

Ah, se o bem-estar de uma empresa pudesse se resumir a um único número.

Não pode, nem é preciso dizer, mas, se você administra uma empresa, seja uma lojinha na esquina, seja uma multinacional com vários produtos, diríamos que há três indicadores principais e muito úteis: engajamento dos funcionários e a satisfação dos clientes, ambos não tecnicamente financeiros, e o fluxo de caixa, que é.

Engajamento dos funcionários primeiro. Não é preciso dizer que nenhuma empresa, pequena ou grande, vence a longo prazo sem funcionários dinâmicos que acreditam na missão e entendem como atingi-la. É por isso que a empresa precisa medir o engajamento dos funcionários pelo menos uma vez por ano, com pesquisas anônimas nas quais as pessoas se sintam completamente seguras para dizer o que pensam.

Mas tome cuidado. Se puder, não deixe a empresa cair na armadilha comum de permitir que essas pesquisas se degenerem em questionários sobre coisas pequenas, como o sabor da comida do refeitório ou a disponibilidade de vagas no estacionamento. As pesquisas mais significativas sondam como os funcionários se sentem a respeito da direção estratégica da empresa e da qualidade das oportunidades de carreira. Fazem perguntas como: "Você sente que a empresa se preocupa com você e lhe dá oportunidades de crescer? Sente que o trabalho cotidiano está ligado ao que os líderes da empresa dizem em discursos e no relatório anual?". Basicamente, as melhores pesquisas de funcionários chegam a uma única pergunta: "Até que ponto estamos alinhados?".

Como observamos no Capítulo 3, o crescimento é o segredo da viabilidade a longo prazo de qualquer empresa, e é por isso que a satisfação do cliente é o segundo sinal vital. Acreditamos que essa métrica é avaliada de forma ótima por meio de visitas no local, e não só com os "bons" clientes.

Os gestores precisam visitar os clientes cujos pedidos são inconstantes ou interrompidos, aqueles que os próprios vendedores não gostam de visitar. E essas visitas devem ser para aprendizado. Encontre uma dúzia de maneiras de perguntar: "O que podemos fazer melhor?".

Além das visitas, também recomendamos usar o *Net Promoter Score*, a pontuação líquida de promotor, um sistema para medir a satisfação do cliente inventado pelo consultor Fred Reichheld. O NPS se concentra na pergunta: "Qual a probabilidade de você recomendar nossa empresa, produto ou serviço a um amigo ou colega?". Dizem que a Amazon e a Apple, as favoritas dos clientes, têm NPS por volta de 70 de 100, enquanto o setor quase monopolista de TV a cabo como um todo ficaria perto dos 30.

Embora o NPS seja um jeito ótimo de obter um feedback sem verniz do cliente, descobrimos que também tem um incrível benefício secundário. Usamos o NPS todo trimestre para medir a satisfação dos alunos em nosso programa de MBA. Seu aspecto de "boletim" é como um mapa de comentários qualitativos valiosos que realmente anima nossa equipe e, felizmente, também lhes dá razão para comemorar. Acontece que o NPS mede a satisfação do cliente e, ao mesmo tempo, quando os líderes o usam para abordar rapidamente as preocupações dos clientes, também eleva o engajamento do funcionário. Faz um serviço duplo.

Finalmente, quando falamos de medir o pulso da empresa, há o fluxo de caixa, que, como dissemos, também é um dos nomes que você precisa conhecer para se sentir à vontade com as finanças.

E eis a boa notícia: não é algo complicado.

Toda empresa acompanha o fluxo de caixa de três maneiras. O fluxo de caixa das atividades operacionais é o dinheiro que vem das operações regulares da empresa, basicamente a receita menos todas as despesas. O fluxo de caixa das atividades de investimento reflete principalmente os principais ativos que a empresa comprou ou vendeu, assim como o lucro ou prejuízo que obteve no mercado financeiro. O fluxo de caixa das atividades de financiamento representa o resultado líquido de novas participações, dividendos em dinheiro e mudanças da posição das dívidas da empresa.

O principal a saber sobre o fluxo de caixa é que ele não mente. Ele lhe diz em números claros e crus quanto dinheiro saiu, quanto entrou e quanto você tem. É por isso que tantos gestores e investidores gostam mais dele do que da renda líquida como medida de lucratividade. A renda líquida vem da demonstração de resultados, que tem pressupostos e avaliações embutidos. O fluxo de caixa livre, por outro lado, lhe dá uma noção da capacidade de manobra da empresa: se você pode distribuir dinheiro pelos acionistas, pagar dívidas, fazer mais empréstimos para crescer mais depressa ou qualquer combinação dessas opções. O fluxo de caixa ajuda a entender e controlar seu destino.

Sem dúvida, há muitas maneiras de medir o pulso de uma empresa. Gostamos dessas três porque indicam a direção correta. Dão uma boa ideia da saúde da empresa.

Mas não bastam. Não bastam para você se embasar em uma reunião em que os números são o evento principal, o tipo de reunião a que você é convocado, digamos, para apresentar seu orçamento ou uma proposta de investimento ao chefe, ao conselho administrativo e até aos colegas. Elas também não bastam para sustentá-lo em uma reunião que você mesmo convocou, o tipo em que os outros vão lhe apresentar coisas e você precisa avaliar um orçamento ou investimento.

Porque é aí que boa parte das finanças acontece — nas reuniões, não é? Em torno da mesa onde todos fitam resmas de gráficos, cálculos e formulários, e os slides do PowerPoint vão rolando como balões no Desfile de Ação de Graças da Macy's, em Nova York.

Nessas sessões, você não pode ser apenas um espectador. Precisa — e pode — entrar na mistura.

TUDO SE EQUILIBRA

Toda empresa faz um balanço, mas, a não ser que sua empresa seja pequena ou nova, quando tudo é sobre dinheiro, você pode passar a carreira inteira sem nem sequer pensar muito nisso. É compreensível, pois o balanço interessa principalmente às pessoas da empresa preocupadas com a posição financeira, que pensam em fazer empréstimos no mercado ou aprovam investimentos, digamos, para construir outra fábrica ou abrir mais uma empresa. Se sua empresa tem o capital aberto, o balanço também interessa a investidores e analistas financeiros, que se perguntam, entre outras coisas, "essa empresa tem liquidez suficiente para fazer tudo o que afirma que vai fazer?".

Em resumo — bem resumido —, o balanço sumariza o ativo, o passivo e o capital social da empresa e, com isso, mostra o quadro do que a empresa possui e do que deve, além da quantia investida nela por indivíduos e mercados. Chama-se balanço porque tudo se equilibra. No lado esquerdo, você tem os ativos da empresa. No direito, o passivo e o capital social.

Os ativos podem ser de vários tipos, de acordo com a empresa. Mas em geral são dinheiro, recebíveis, matérias-primas, prédios, fábricas, estoque e propriedades. Alguns ativos são ditos "intangíveis", porque em geral não é possível vê-los, tocá-los nem se sentar neles; mas são importantíssimos para algumas empresas, como o *goodwill* ou ágio, as patentes, as licenças e os *copyrights*.

Passivos? Em termos leigos, são as dívidas: aquilo que a empresa deve a terceiros, a curto e longo prazos. O capital social é o dinheiro investido na empresa pelo dono ou donos, pelo mercado ou ambos.

Acabou.

É verdade, acabou. Basta saber que o balanço patrimonial é um retrato da "flexibilidade" financeira da empresa em um determinado momento. Para os objetivos de quem lê este capítulo — isto é, a multidão que teme e detesta as finanças —, essa é a coisa mais importante que você precisa saber.

Provavelmente, a não ser que você tenha o desejo secreto de se tornar o próximo diretor financeiro da empresa, a única.

BEM-VINDO À FÁBRICA DE LINGUIÇA

A demonstração de resultados é completamente diferente. Em vez de mostrar a liquidez, mostra a lucratividade. Ou, para ser um pouco mais específico, quanto está sendo vendido, quanto custa criar essas vendas e o que sobra depois de tudo concluído.

A demonstração de resultados é uma visita à fábrica de linguiça.

E quer saber de uma coisa? Nos negócios, ninguém consegue fugir dela. Claro que você pode ocupar um cargo de iniciante ou de colaborador individual em algumas empresas, e a demonstração de resultados não vai invadir nem causar nenhum impacto em suas atividades do dia a dia. Mas pode ter certeza de duas coisas: a demonstração de resultados influencia a vida de seu chefe e, algum dia, se sua carreira avançar, é inevitável que influencie a sua.

Veja o caso de uma mulher que chamaremos de Mary. Durante vários anos, Mary trabalhou em uma grande empresa de bens de consumo como projetista de fragrâncias; tinha mestrado em química e MBA. Depois de comandar com sucesso algumas equipes e mostrar verdadeira garra ao sugerir conceitos publicitários para perfumes novos, foi promovida a gerente geral de outra divisão de fragrâncias para o mercado de massa.

Antes de ser promovida — ela substituiu um executivo que foi demitido —, Mary tinha várias ideias de mudança, mesmo à distância. O lançamento de uma fragrância para grávidas, por exemplo, era uma de suas favoritas. Ela também tinha opiniões fortes sobre quais projetistas de fragrâncias da nova divisão teriam de sair por conta do nariz "desatualizado" deles, e estava de olho em um consultor perfumista externo que achava que deveria ser contratado.

Ah, sim, isso foi antes da primeira reunião de Mary com a nova equipe que herdou, para discutir o orçamento anual e o plano de longo alcance da divisão.

Pode-se dizer que foi antes do infarto de Mary.

Não um infarto real, é claro, mas o tipo que os gerentes têm quando olham os números, como Mary fez naquele primeiro dia de responsabilidade por lucros e perdas, e viu que o custo de marketing da unidade subira 5% ao ano nos três anos anteriores, enquanto a receita se manteve igual no mesmo período. A surpresa foi que a previsão do antecessor era de mais do mesmo nos três anos seguintes.

Bom, agora vejo por que ele saiu, pensou Mary naquele dia. *Mas em que fui me meter?*

Como fazem todos os gestores, ela se meteu no meio de uma história. Isso mesmo: a demonstração de resultados conta uma história. Às vezes, é muito assustadora. Às vezes, é só um pouco preocupante. Outras vezes, a história é motivo para abrir um champanhe e começar a planejar grandes coisas. Não importa; a demonstração de resultados nos diz muito sobre o equilíbrio das decisões que a empresa tem tomado e sobre como estão os negócios.

É uma história sobre o passado e o presente e, mais importante, é um convite para uma conversa sobre o futuro.

Uma conversa grande, fantástica, empolgante, de busca da verdade.

TUDO É RELATIVO

Se você só guardar um conceito deste capítulo, que seja este: os números não servem apenas para serem calculados. Servem principalmente para serem comparados. E também para provocar as conversas sobre *variância*.

Agora, o que é variância exatamente?

Pode ser a lacuna entre os resultados esperados no "plano" e os resultados obtidos na vida real, como em "O que está acontecendo? O custo da matéria-prima disparou desde o último trimestre."

Pode ser a lacuna entre os resultados obtidos no passado e os resultados projetados no futuro, como "Uau, estão projetando que as vendas do velho Produto X vão disparar como um foguete daqui a dois anos. Por que você acha que isso vai acontecer?"

A variância pode ser praticamente qualquer mudança em uma demonstração de resultados — para cima ou para baixo — que deixa você perplexo, pouco à vontade ou curioso a ponto de perguntar "Por quê?".

Agora, todo gerente gosta de ficar de olho na variância de certas proporções ou números financeiros favoritos. E isso faz sentido. Em qualquer setor ou negócio, com o tempo e a experiência, você descobre quais tendências são os arautos mais confiáveis das boas notícias e quais são os primeiros sinais de alerta das notícias ruins. É claro que a frequência com que você verifica as variâncias "favoritas" tem a ver com a natureza da empresa — ciclo curto ou longo, tecnologia, indústria ou serviços. Sem dúvida, as equipes de comando do McDonald's e do Burger King verificam a receita diariamente. E os gestores da maioria das empresas de ciclo mais longo, digamos, as que produzem turbinas elétricas ou aviões a jato, examinam as variâncias mensal ou trimestralmente.

Dito isso, e principalmente com o propósito de lhe dar opções a considerar, pensamos em mencionar diversas variâncias que, em nossa experiência e estimativa, realmente comprovaram seu valor no decorrer das décadas.

As vendas e a renda líquida sempre são números importantes a acompanhar, mas a verdade é que, na maioria das empresas, eles contam uma história sobre o passado e sua utilidade é um tanto limitada para prever o futuro. Os pedidos e o emprego assalariado, por outro lado, têm um jeito misterioso de atuar como representantes das vendas e custos futuros. Um aumento significativo da taxa de pedidos é uma boa notícia, mas é quase certo que sinalize que a produção e o custo total vão precisar de ajustes. Enquanto isso, o emprego assalariado por função — que pode ser examinado mensal, trimestral ou anualmente — é uma boa maneira de ver que parte da empresa está contratando e descobrir por quê. Há um novo programa? Talvez alguém esteja construindo um império? No mínimo, esse número é um bom arauto de mudanças na estrutura de custos.

Achamos que as variâncias trimestrais da margem operacional e da rotatividade do capital de giro são ótimos indicadores da tendência de eficiência da empresa. É óbvio que você quer que esses números sejam altos e aumentem sem parar.

A longo prazo, gostamos de acompanhar de perto o retorno do investimento (ROI) e a participação no mercado. O aumento do primeiro deixa os investidores felizes, como deveria, e o último reflete a satisfação do cliente, outra medida que já elogiamos.

Mais uma vez, mencionamos esses números porque foram úteis em nossa experiência. No entanto, a maior questão é que, se você não é de finanças e está "fazendo" finanças, é na análise de variâncias que precisa se fixar. Não importa se está em uma pequena reunião informal para examinar um investimento. Se está em uma revisão orçamentária formal. Se compareceu a uma sessão de planejamento de longo prazo em que vale tudo.

Sempre, sempre se concentre nas variâncias. Use-as para extrair a verdade dos pressupostos, esperanças, temores e pautas das pessoas.

EMPURRE E SONDE

Voltemos um minuto a Mary, a gerente-geral da empresa de perfumes. Como você se lembra, o primeiro encontro de Mary com as finanças de sua divisão contou uma história alarmante de aumento contínuo do custo do marketing e estagnação da receita.

Sua reação foi perfeita. Com a equipe em volta e a sala de reuniões fechada o dia todo, ela foi fundo. Em uma expressão muito técnica, essa também é a atividade da análise de variância: ir fundo. Você pega um número de cada vez, separa, pergunta de onde vem e por quê, debate aonde vai e como isso vai acontecer e, em geral, empurra, empurra, empurra e sonda, sonda, sonda.

No caso de Mary, não surpreende que a conversa logo se voltasse para o custo crescente do marketing da divisão, e não demorou para as pessoas em volta da mesa apontarem o antigo chefe como culpado e, mais especificamente, seu projeto predileto de mídia social.

— Deveria se pagar em dezoito meses — contou o diretor financeiro com sarcasmo. — Ainda estamos esperando.

— Bom, agora quem é responsável pelo projeto? — insistiu Mary. — Ainda está no orçamento. Quem administra e mede sua eficácia?

A resposta, no fim das contas, foi ninguém. Imediatamente, Mary montou uma equipe de combate com algumas pessoas da sala, para determinar se a campanha nas mídias sociais deveria viver, morrer ou se modificar.

O mais importante foi que a revelação de que a campanha da divisão nas mídias sociais estava essencialmente órfã provocou horas de debate rigoroso à mesa sobre o orçamento de marketing e a direção estratégica em geral. Se o projeto das mídias sociais morresse, perguntou Mary, para onde deveria ir o orçamento liberado? Deveria ser devolvido à publicidade tradicional nas revistas ou encaminhado ao setor de P&D para criar novos produtos?

"Que tal nenhum dos dois?", foi uma resposta. "Nossa área são as fragrâncias de celebridades. Ou compramos grandes nomes ou morremos."

Digamos que nem todos concordaram com essa afirmativa, mas Mary fez questão de ouvir a voz de todos. Mais uma vez, essa é uma parte inerente da análise de variância: buscar a verdade em todos os pontos de vista.

Mary e sua equipe também foram fundo para saber por que as despesas de vendas, gerais e administrativas (*selling, general and administrative* ou SG&A) estavam aumentando. "Precisamos mesmo de oito pessoas no RH?", perguntou ela ao chefe do departamento. A princípio, desacostumado com tanta franqueza, ele se ofendeu: "Como é?". Mas a conversa que se seguiu deu início a uma discussão produtiva do papel do RH em encontrar, desenvolver e reter os melhores talentos, que alguns sentiam que não estava sendo feito, e se o departamento poderia fazer um serviço melhor com metade do pessoal, mas talentos melhores.

Finalmente, a análise de variância daquele dia provocou um debate animado sobre fontes de receita não aproveitadas. "Em retrospecto, vemos que nosso melhor crescimento foi de 3% a 4% ao ano em relação ao ano anterior", disse Mary à equipe. "Esse tem que ser o alvo do ano que vem. Quando olharmos para a frente, peço que vocês tragam ideias ousadas para dobrar essa taxa de crescimento daqui a três anos. Na próxima reunião, discutiremos o que é preciso fazer no ano que vem para que isso aconteça e identificar os obstáculos que tornariam esse desafio insensato."

Em geral, essas conversas são polêmicas. E o debate rigoroso que geram pode ser desconfortável. Tudo bem. Na verdade, mais do que tudo bem. A busca da verdade raramente é como passar o dia na piscina com uma piña colada.

Talvez seja exatamente por isso que a análise de variância torna os negócios melhores e mais inteligentes. Ela mantém tudo alinhado. O processo é uma bagunça? Com certeza pode ser.

Se não for, sinta-se à vontade para bagunçá-lo.

* * *

Eis o resultado.

Você não precisa ser o rei da matemática — não precisa nem saber muito sobre os números — para "fazer" finanças. Precisa principalmente ser curioso, incansavelmente curioso sobre as variâncias que lhe dizem como está indo a empresa, para onde está indo e com que rapidez.

As finanças não têm a ver com os tecnocratas que ficam cuspindo siglas pela sala. Têm a ver com a capacidade de usar os números para chegar à verdade.

Porque a verdade vos libertará... para tomar boas decisões de negócios.

Decisões baseadas em pressupostos embasados, decisões que examinaram todas as opções, decisões que olharam embaixo do capô.

Não importa o que você faça em sua empresa, seja na linha de frente das vendas, seja na produção, seja no RH; seu trabalho é tomar boas decisões.

Com esse fim, não há o que temer nos números.

E, com a análise de variância, eles podem até ser seus amigos.

6

COMO ENTENDER O MARKETING

O ANO EXATO NÃO importa muito, mas digamos que foi há algumas décadas que um de nós frequentou a faculdade de administração e lá, no primeiríssimo dia, a primeira aula era de marketing, e o caso a ser decifrado envolvia cobertores Fieldcrest mistos de algodão.

Eis a questão: os cobertores Fieldcrest mistos de algodão não mudaram muito desde aquela época.

O marketing, sim. Mais do que nunca.

Especificamente, estamos falando do marketing para o consumidor. Ele se tornou imensamente mais digital. Mais global. Mais social. Mais móvel. Vivencial. Muito segmentado. Nativo. Humano. Ah, poderíamos falar e falar.

Graças à torrente incansável de avanços e descobertas da tecnologia no estudo do comportamento do consumidor, o admirável mundo novo do marketing fica mais novo e admirável a cada dia. É por isso que este capítulo não trata apenas das fronteiras do marketing; trata de seus fundamentos. Nossa meta não é transformar você em autoridade em marketing. Isso só vem com o tempo e a experiência (e, provavelmente, alguns erros pelo caminho). Mas, com este capítulo, esperamos lhe dar o enfoque necessário para fazer as perguntas certas, não importa qual seja seu papel na empresa nem o setor em que está. Nossa meta é lhe dar assento e voz à mesa do marketing.

Veja, sabemos que hoje o marketing, como as finanças, às vezes parece avassalador e misterioso, cheio de terminologia e siglas atiradas pelo exército crescente de "gurus" digitais que agora parecem dirigir o espetáculo. Claro que você os ouviu anunciar suas ideias e promessas "de vanguarda" e "baseadas em dados". Em nossa experiência, alguns desses autointitulados especialistas são muito inteligentes; sabem algo importante. Mas muitos também fazem o marketing de hoje parecer um bazar excêntrico, em que cada barraquinha tem um vidente ou curandeiro que quer lhe vender uma solução mágica para o retorno do investimento.

Ao lado da revolução tecnológica do marketing, está também a mudança do consumidor. Mais sofisticado do que nunca. Com menos capacidade de atenção. Ainda mais imune às mensagens do marketing. Caso em questão: pesquisa com a ferramenta de *eye tracking* mostra que muitos consumidores desenvolveram a "cegueira publicitária": ao visitar sites, nem mesmo *olham* as áreas da página onde acham que pode haver anúncios ou promoções. Do mesmo modo, a pesquisa indica enfaticamente que os consumidores confiam muito mais em recomendações de seus pares nas mídias sociais e sites de resenhas do que naquilo que logo identificam como conteúdo de marketing gerado pela empresa.

Não admira que o marketing não pare de se reinventar. É preciso.

Mas nossa mensagem é a seguinte: não permita que a cacofonia que cerca a turbulência incessante do marketing distraia você do que está no centro dele: o produto certo no lugar certo, pelo preço certo, com a mensagem certa, fornecido pela equipe certa.

Como sempre foi.

MUITO TESTADO... E AINDA VERDADEIRO.

Normalmente, gostamos de ficar longe de rubricas acadêmicas; afinal, elas são muito acadêmicas.

Vamos fazer uma exceção desta vez. O arcabouço dos "Cinco Ps", desenvolvido em 1960 pelo professor da Universidade do Estado de Michigan chamado E. Jerome McCarthy, ainda é um modo utilíssimo e aplicável para explorar o marketing focado no consumidor, e provavelmente é por isso que tantos programas de MBA, inclusive o nosso, o seguem. (Um aparte: a princípio, o arcabouço de McCarthy tinha apenas quatro Ps e foi ampliado para cinco por outros acadêmicos em décadas posteriores. Mais adiante neste capítulo, também nos afastaremos dos Cinco Ps do marketing voltado ao consumidor para falar dos princípios envolvidos no tópico relacionado, mas separado, do marketing entre empresas.)

Em resumo, o arcabouço dos Cinco Ps afirma que o marketing eficaz para o consumidor é uma questão de escolher corretamente o *produto*, a *praça* (os canais de distribuição), o *preço*, a mensagem de *promoção* e, enfim, as *pessoas*, isso é, o apoio da empresa.

Agora, dadas todas as mudanças de tecnologia e comportamento do consumidor que acabamos de mencionar, não surpreende que a conversa em torno de vários desses Cinco Ps tenha mudado bastante desde a época de McCarthy.

O primeiro P, *produto*, não é um deles.

Afinal, o ótimo produto sempre foi e provavelmente sempre será a suprema jogada de marketing. Mesmo com o advento do *big data*, das mídias sociais, do SEO e da transparência de preços. Mesmo com comerciais de cerveja para o Super Bowl, a final do campeonato nacional de futebol americano, dignos de um Oscar. Ainda é um fato que o melhor aplicativo de marketing é um produto desejável que melhore algum aspecto da vida do consumidor. Isso sempre será assim. Claro, a empresa pode promover loucamente um produto que não chega a esse padrão, mas o esforço sairá caro e, com o tempo, será insustentável.

Não se pode vender lixo para sempre.

Só se pode criar o "Eu quero". É por isso que, não importa seu setor, o melhor marketing sempre começa no setor de P&D ou equivalente. Começa com a melhoria contínua dos produtos atuais ou a invenção de novos, irresistíveis e empolgantes, com recursos e benefícios que tenham importância real.

Isso era verdade em 1960. É verdade hoje. E será verdade em 2060.

Realmente, quando se trata do primeiro P, a única coisa verdadeiramente nova em que as empresas precisam pensar é que o mercado é muito mais vasto e cheio de gente do que já foi. Os cobertores Fieldcrest tinham três concorrentes, todos americanos. Hoje, a Fieldcrest tem centenas de concorrentes, muitos globais, que vendem seus produtos em uma série imensa de plataformas, dentro e fora da internet.

A proliferação de produtos e canais tem uma consequência principal para o marketing voltado ao consumidor, relativa ao custo de romper a confusão, processo também chamado de *push*, ou empurrar. O aumento da concorrência torna cada vez mais caro empurrar, e é por isso que o *pull*, puxar ou atrair os clientes por meio dos recursos, benefícios e histórico da marca do produto, é tão fundamental agora.

Assim, se você estiver em uma reunião — isso acontece muito — em que as pessoas brigam pelas minúcias dos planos de marketing e debatem as vantagens de uma miríade de abordagens, não esqueça o valor de subir até três mil metros de altitude e perguntar o que realmente importa:

Estamos vendendo lixo ou "Eu quero"?

Estamos operando no bom ou no ótimo?

Estamos empurrando tanto porque não temos poder de puxar?

Se a resposta a qualquer uma dessas indagações for preocupante, você ainda pode continuar e lançar seu programa de marketing. Mas saiba que logo você e sua equipe estarão de volta ao começo, falando sobre o P que vem primeiro, porque é preciso.

LOCAL, LOCAL, LOCAL

Não faz muito tempo, uma de nossas filhas foi trabalhar em Los Angeles, e tivemos a ideia (tudo bem, um de nós teve) de que seu apartamento melhoraria com a compra de um tapete como presente para a casa nova. Assim, na visita seguinte, quando ela saiu para trabalhar, fomos às compras.

Fácil, não é? Ah, nada disso. Acontece que há uns trinta lugares para comprar um tapete bonitinho e relativamente barato perto do apartamento dela em Los Angeles, e cerca de trezentos lugares para comprar a mesma coisa na internet. Sobrecarregados de opções, quase desistimos. Isto é, até encontrarmos uma loja a menos de dez quilômetros do apartamento, que disse que igualaria o preço de um tapete comparável na internet. Isso foi feito, e compramos. Mas pouco antes de sairmos, perguntamos ao vendedor: "Como vocês ganham dinheiro fazendo isso?". Ele suspirou e respondeu: "Às vezes não ganhamos".

Sugerimos que você se lembre dessa história (e de todas que você conhece, simplesmente porque as viveu) quando a conversa na empresa tratar da seleção de canais de distribuição, isto é, o segundo P do marketing, a *praça*. Há exceções, é claro, como o lançamento de novos celulares pela Apple, a abertura de um novo restaurante da moda ou um novo filme de *O Senhor dos Anéis*; nesses casos, sim, os consumidores aguardarão horas e pagarão o preço que for sem fazer perguntas. Mas, em termos gerais, os consumidores passaram a alimentar expectativas muito altas. Querem exatamente o que querem quando querem, o que em geral significa depressa, e pelo menor preço possível.

Anúncio: isso não significa que você precise satisfazer essas expectativas. Só precisa satisfazê-las se isso tiver valor para sua empresa.

Parece óbvio, não é? Ainda assim, no calor da batalha, enquanto observa os concorrentes enfiarem seus produtos em todos os canais de distribuição conhecidos da humanidade, é facílimo achar que você também precisa estar em toda parte só para continuar vivo.

E, na verdade, às vezes precisa. Às vezes, você tem que vender seu produto pelo preço de custo e até com prejuízo para manter o *brand awareness* ou contentar um distribuidor importante. Mas, em nossa experiência, esses casos são raros. Com mais frequência, eles só surgem porque o pessoal de marketing é mais convincente ou tem mais poder organizacional do que o pessoal de finanças.

Nossa questão aqui é bem clara. Quando se trata da praça, a pergunta a fazer não é "em quantos canais conseguimos entrar para alcançar o máximo de olhos e carteiras?". Em vez disso, deve ser "que canais deveríamos escolher para vender com lucro o máximo volume?".

Ponto final.

Sim, a acessibilidade é importante. Você ouvirá esse argumento várias vezes na empresa e na carreira e, esporadicamente, você mesmo vai usá-lo.

Mas, quando se trata da praça, nunca permita que o debate na empresa fique tão acalorado que se afaste da fria, calma e perene verdade da questão. A lucratividade também é importante.

DINHEIRO E SENTIDO

Agora, ao terceiro e, provavelmente, o mais objetivo P do marketing: o *preço*.

Não que haja uma fórmula infalível para dar o preço correto a seu produto ou serviço. Não há. Na verdade, como você já deve saber por participar de reuniões intermináveis, é raro haver consenso na empresa sobre até que ponto exatamente os consumidores são sensíveis ao preço de determinados produtos. Essas conversas podem ficar francamente conflituosas.

Tudo bem. Brigar sobre preços pode ser muito útil para revelar questões estratégicas importantes. Que tipo de cliente queremos? Estamos fazendo um produto que é cópia do produto dos outros? Nosso mercado está definido de maneira estreita demais?

Em última análise, depois que a conversa estratégica se esgota, realmente há uma pergunta a fazer hoje quando se trata do preço:

"Por que não fazemos um teste?"

A era de palpitar sobre preços está bem morta. A tecnologia a matou. Testar preços é fácil. É rápido. Em geral, é barato. E nos dá uma flexibilidade nova e potente.

Vejamos o exemplo do RealReal, um mercado online de roupas e joias femininas de luxo por consignação. (Somos investidores modestos.) O RealReal faz muitas coisas bem e, no alto da lista, está o uso incansável de dados de acompanhamento do cliente, o *tracking*, para ajustar de forma dinâmica o preço de acordo com a oferta e a procura. Por exemplo, se um vestido for posto à venda por 360 dólares às 11h na terça-feira e receber setecentas visualizações até 13h sem ser comprado, o preço abaixa, digamos, 8%. Há algoritmos diferentes para cada tipo de produto, dia da semana e hora do dia, e esses algoritmos em si são constantemente ajustados para refletir o aprendizado dos testes anteriores.

Esses números são puramente hipotéticos. Mas nossa questão não é. Hoje, é preciso identificar o preço que se quer cobrar, em função, é claro, do custo e da marca, identificar o preço que você acha que os clientes querem e esperam pagar e, depois, testar cada ponto intermediário.

De certa maneira, é o que as empresas sempre fizeram. Só que hoje podemos fazer isso com muito mais rapidez e produtividade. Podemos fazer melhor.

HORA DO ESPETÁCULO

Se já chorou com um comercial — sejamos francos, quem nunca? —, você conhece o poder do quarto P do marketing, a *promoção*, mais coloquialmente chamada de mensagem.

E, se já esteve na sala em que as pessoas tentam encontrar a mensagem, você sabe que é difícil, principalmente hoje, com consumidores ao mesmo tempo anestesiados pelo ruído onipresente do marketing e defensivos diante da manipulação emocional.

Mas, para crescer, toda empresa precisa vender seu produto. Como ultrapassar essa barreira?

Sugerimos duas abordagens. Você pode ajudar a implementá-las se o marketing fizer parte de seu serviço ou pode ser a pessoa da empresa que pergunta se essas abordagens estão sendo usadas pela equipe de marketing ou pela agência contratada para ajudar. Seja como for, você estará agregando valor a uma das coisas mais importantes que as empresas têm que fazer:

Contar sua história.

Chamamos a primeira abordagem de "experimentação sem apego".

Afinal, a promoção bem-sucedida não depende mais só da "criação". Como no caso do preço, depende de *testar* a criação.

Conhecemos o gerente de marketing de uma empresa que projeta produtos de treinamento pela internet para o setor de RH. Esse gerente, vamos chamá-lo de John, trabalha com uma agência digital e testa rotineiramente diversos slogans e propostas de venda dos produtos, colocando-os em diversos sites, com layouts e imagens diferentes para vários segmentos do mercado. Às vezes, John fica muito empolgado com uma peça específica; não faz muito tempo, por exemplo, ele se apaixonou por um anúncio da agência que proclamava: "Transforme o RH em vantagem competitiva!". Ao mesmo tempo, não gostou de outra proposta, um anúncio que mostrava um rapaz genérico com o polegar erguido e uma frase sem graça, que dizia "Facilite o treinamento do RH".

Nas semanas seguintes, a agência publicou os dois anúncios em sites, horários e tamanhos diferentes — inventaram uma combinação e eles testaram. Ao mesmo tempo, testaram um anúncio que a empresa tinha usado dois anos antes que oferecia um desconto por volume em compras feitas até o fim do ano.

O resultado foi claro. Qualquer que fosse o canal ou o horário, o anúncio do polegar para cima foi o vencedor e gerou mais contatos e vendas. O segundo mais bem-sucedido foi o anúncio do desconto por volume. (John tinha achado esse anúncio muito "feio" e "fora da marca", aliás.) Quanto ao anúncio da "vantagem competitiva"? Adivinhou. Último lugar.

John ficou chateado por pouco tempo. Ele entendeu a realidade da situação. Hoje, para obter as melhores peças é preciso deixar o ego para lá e aprender a amar os dados ou, no mínimo, a confiar neles. Antigamente, havia grupos focais. Eles forneciam informações úteis. E, às vezes, ainda fornecem. Mas hoje os testes digitais fazem os grupos focais parecerem uma antiguidade.

Isso significa que o modelo do "gênio criativo" do marketing também é uma antiguidade? É claro que não. Alguém precisa ter as ideias a serem testadas. E o fato é que sempre haverá magia na criação das ótimas mensagens. Elas ainda alcançam e tocam o nervo da verdade emocional do consumidor, e assim vão continuar. Mas, no fim das contas, a mensagem só é boa se tiver resultado. E é isso que os testes nos dizem.

Portanto, encoraje sua empresa a experimentar sem apego. O resultado partirá daí.

A segunda abordagem que recomendamos quando se trata da mensagem tem a ver com a primeira: é a experimentação com surpresa.

Aqui está o que queremos dizer. Como observado, a maioria dos consumidores está de costas, com as mãos tapando as orelhas. Você pode tentar alcançá-los com uma britadeira ou um megafone. Às vezes dá certo, senão não haveria na TV anúncios de carros e colchões que berram com você tarde da noite.

Mas há outra opção: atingir as pessoas de maneira inesperada, da qual, no melhor dos casos, elas podem até gostar.

Isso exige inovação.

É engraçado. Às vezes, as pessoas acham que a inovação pertence ao setor de P&D, onde gênios tecnológicos inventam aparelhos, software e recursos cada vez mais avançados.

Mas o marketing também é território da inovação; na verdade, é o lugar a que a inovação pertence, tanto quanto ao setor de P&D. A inovação no que se diz, a inovação no como e no onde se diz.

Essa é a grande fronteira aberta da promoção e é onde você tem que morar.

Vejamos o que acontece com o marketing experiencial, a criação de "experiências" do cliente como meio de aumentar a exposição, a facilidade de compartilhamento, o patrimônio da marca e, é claro, as vendas.

Sabemos que o marketing experiencial não é novo; os primeiros artigos e livros sobre o tema começaram a aparecer em 1998. Mas, nos últimos anos, ele se tornou uma verdadeira fonte de inovação. A Red Bull, que produz o energético, é mestre absoluta na prática e conecta a marca com eventos de esportes radicais da maneira mais criativa e divertida possível. Por exemplo, em 2012 a empresa elevou a outra dimensão as jogadas de marketing, quando financiou a iniciativa "Stratos Mission para transcender os limites humanos" e permitiu que o mundo inteiro se unisse diante da tela para assistir ao salto de Felix Baumgartner de uma espaçonave a 39 mil metros de altura para romper a barreira do som.

Essa foi uma experiência; para Felix, é óbvio, mas também para todos os que assistiam. O Twitter praticamente explodiu de empolgação. Tudo era muito novo.

Em nosso ponto de vista, tudo foi muito *surpreendente*.

Você sabe e nós sabemos que a Red Bull financiou a Stratos Mission para que, algum dia, um de nós pensasse: "Tenho uma grande reunião daqui a quinze minutos; acho que preciso de Red Bull!". Mas a emoção do que vimos e sentimos com o marketing de engajamento da empresa reduziu nossa resistência ao que, no fundo, era marketing puro e simples. Na verdade, ela nos puxou.

Hoje, a promoção tem que ser assim.

A Neiman Marcus financia desfiles de moda em eventos para caridade. Inovação.

A IBM alimenta os clientes com uma dieta digital de conteúdo selecionado sobre as melhores práticas nos negócios. Inovação.

Para promover a segunda temporada de *Homens de terno*, a USA Network vestiu modelos masculinos com roupas idênticas e os mandou pedalar em bicicletas iguais em Nova York, Los Angeles, Chicago e São Francisco. Inovação.

Do mesmo modo, a A&E promoveu a nova série *Bates Motel* instalando em uma rua de Austin uma máquina de venda iluminada com neon que distribuía *brownies* gratuitos "feitos por Norma Bates".

Assustador, saboroso, memorável. E pura e simples inovação.

Em cada um desses casos, alguém do marketing estava fazendo experiências com o objetivo de surpreender.

É fácil de medir? Não. Sempre dá certo? É claro que não. Mas o de sempre também não dá. A não ser, aparentemente, quando se trata de colchões e automóveis.

Em todos os outros casos, pense em experiência, pense em prazer. Pergunte: "Estamos fazendo o suficiente com nossas mensagens para surpreender as pessoas de um jeito bom?".

Porque, quando se trata de promoção, o novo é que é bom.

NENHUM PROFISSIONAL DE MARKETING É UMA ILHA

Nos negócios, todos sabem que as pessoas das várias funções e divisões precisam conversar entre si. O não compartilhamento de informações é péssimo. Nós detestamos, e todos os que querem que a empresa cresça e prospere também deveriam detestar.

Dissemos isso para iniciar a discussão do último P, a parte do marketing ligada às *pessoas*.

O marketing não pode ser uma ilha por si só, por mais tentador que isso pareça quando visto por dentro. Porque parece; é da natureza humana. As pessoas gostam de ficar com pessoas que entendem sua mentalidade e têm as mesmas prioridades.

Mas a insularidade é a morte dos negócios. É a morte do marketing. Isso sempre foi verdadeiro, mas é ainda mais verdadeiro agora, com o aumento do papel da tecnologia no marketing digital e a importância fundamental de fazer tudo depressa.

Os isolamento mata a velocidade. Mata as ideias. Mata o impacto.

Vejamos o caso de uma amiga nossa que trabalha em uma empresa de software médico que depende bastante do marketing voltado ao consumidor. "Sally" e sua equipe têm muitíssimas ideias criativas, mas poucas chegam a se concretizar. Por quê? Para começar, todo plano de marketing precisa passar por uma semana de revisão jurídica, seguida por outra semana subindo pelos vários escalões financeiros até ser aprovada. E, quando esses dois processos se concluem, vem outra semana de avaliações de gestão de risco da TI. Então, mais uma semana esperando que chegue a hora no cronograma "travado" de lançamento semanal da equipe da internet. No total, são pelo menos quatro semanas de espera entre ideia e execução, o que torna impossível para o mais motivado dos gerentes lançar rapidamente algo novo; obviamente, não a tempo de reagir a algo que esteja fervendo nas mídias sociais.

Em contraste gritante, vejamos o que aconteceu com a Oreo em 2013.

Embora faça parte de um conglomerado multinacional, a Oreo priorizou, como empresa, alinhar as equipes internas para ter forte agilidade interdepartamental e capitalizar espontaneamente o tipo de momento cultural inesperado que surge em instantes hoje em dia. Realmente, um instante desses ocorreu durante o Super Bowl daquele ano, quando as luzes do estádio se apagaram por acidente no terceiro tempo do jogo.

Bom, acontece que a Oreo tinha posto, de propósito, o diretor de marketing, o gerente da marca, o assessor geral e todos os outros interessados importantes em uma sala para assistir ao jogo. Em minutos, eles conseguiram lançar uma campanha no Twitter: "You Can Still Dunk in the Dark" [Você ainda consegue mergulhar no escuro, em tradução livre].[*]

Resultado: a partir de um único tuíte que custou zero dólar de mídia, a marca gerou 525 milhões de impressões de mídia conquistada — muito mais do que o número de pessoas que realmente assistiram ao jogo. Isso virou manchete em mais de cem países. Ganhou catorze prêmios de publicidade, e a revista *Wired* chegou a declarar a Oreo vencedora do Super Bowl.

A história da Oreo prova que a parte das *pessoas* do arcabouço dos Cinco Ps não é uma mera questão de onde o marketing se situa na empresa.

---

[*] Alusão ao hábito dos norte-americano de mergulhar o biscoito Oreo no leite.

Claro, ele sempre esteve lá no alto, com as finanças e o setor de P&D. A questão é que o marketing tem que estar dentro e ao lado de todas as funções da empresa. Mesmo que não seja CEO nem diretor, você pode defender esse arranjo e trabalhar, ainda que informalmente, para que aconteça. Só é preciso coragem e disciplina para sair de seu silo e, com conversas ou perguntas, convidar o resto da empresa a entrar na sua.

Porque hoje o marketing é da conta de todos.

E ISSO INCLUI O B2B

Nos últimos anos, o marketing *business-to-business* (de empresa para empresa, ou B2B, como costuma ser chamado) sofreu tantas mudanças quanto o marketing *business-to-consumer* (da empresa para o consumidor, ou B2C), mais ou menos pelas mesmas razões. Mais tecnologia. Compradores e fornecedores globais mais bem informados. Aumento da competitividade. Transparência acentuada.

Mais uma vez, nossa meta não é transformar você em especialista funcional. É pôr você à mesa do marketing B2B com princípios norteadores em mente. E, quando se trata do marketing B2B eficaz de hoje, propomos que esses princípios são três.

Eis o primeiro: *as empresas precisam fazer tudo a seu alcance para manter a relação B2B muitíssimo pessoal.* Houve um tempo em que o marketing B2B poderia significar *belly-to-belly* [de barriga para barriga, em tradução livre], uma abordagem das vendas que se autodescreve; basta imaginar o pano de fundo de um jogo de beisebol, um churrasco ou um bar. Sim, é claro, as empresas e seus clientes empresariais brigavam por custos e prazo de entrega. Ninguém faz um pedido, digamos, de vinte milhões de dólares em peças automotivas ou de cinco milhões em produtos de limpeza sem questionar cada dólar. Mas, antigamente, as relações B2B tendiam a ser de coleguismo a longo prazo.

Então várias mudanças aconteceram. Concorrência estrangeira, por exemplo. Em seguida, aumento do uso de pedido de propostas (RFPs ou *request for proposals*) para obter lances. Mas, pelo menos na indústria, nada abalou tanto o marketing B2B quanto o surgimento dos leilões online, que começaram a sério uns vinte anos atrás. De repente, empresas que precisavam de cinco mil rebimbocas podiam fazer fornecedores do mundo inteiro duelarem, ao vivo, ainda por cima. "Bastava ficar lá sentado e observar o preço desmoronar diante dos olhos", recorda Jim Berges, executivo de marketing de produtos industriais de longa data que conhecemos há duas décadas e que está no ramo o dobro desse tempo. "Era como se, da noite para o dia, as empresas pudessem comprar da China e da Índia sem ir à China nem à Índia. Foi um frenesi."

No entanto, no devido tempo a maioria das empresas percebeu a limitação dos leilões online. O preço estava certo, e os leilões eram bons para alguns produtos; commodities simples, por exemplo.

Mas os leilões online não eram tão bons assim para muitos outros. Como se põe em um leilão online um projeto complexo de muitos milhões de dólares, com vários estágios, extremamente personalizado? Não se põe.

O que leva boa parte do marketing B2B de hoje de volta ao começo. Com os profissionais precisando construir relacionamentos profundos, cooperativos e de longo prazo com os clientes. O tipo de relacionamento que impede os leilões online (e até os pedidos de propostas, aliás) antes que comecem.

Como todos os relacionamentos, esse precisa se basear na confiança. Com os dois lados sentindo que estão em uma situação de vantagem mútua. "É preciso dar alguma coisa aos compradores — garantia de qualidade, montes de serviços, contribuições para o design — que faça não valer a pena a economia do leilão", como diz Jim Berges. "Você tem que se transformar em parceiro. tem que conhecer muito bem os clientes, e eles têm que conhecer você muito bem."

Em outras palavras, para prosperar hoje em dia, o marketing B2B precisa ser olho no olho e cérebro no cérebro. Precisa ser pessoal e intelectual.

Também precisa ser implacavelmente estratégico. A razão é bem simples: às vezes, as parcerias não são lucrativas para o fornecedor envolvido. Elas não fazem sentido financeiro. Ou talvez façam a curto prazo, mas não a longo prazo, ou vice-versa.

Isso nos leva a nosso segundo princípio operacional. *Tudo o que se faz hoje no marketing B2B tem que se basear em uma análise cuidadosa da capacidade e da potencialidade do setor.* Eis o porquê. Como hoje muitos setores são mais consolidados, com poucos fornecedores e compradores, mais do que nunca o marketing B2B se tornou um jogo de xadrez. Cada passo precisa ser dado com compreensão da reação em cadeia competitiva.

Vejamos, por exemplo, uma história de Jim Berges sobre o que aconteceu alguns anos atrás, quando um megavarejista foi ao mercado atrás de novas unidades de refrigeração para todas as lojas. Um pedido tão imenso só poderia ser atendido por três grandes empresas de engenharia, inclusive aquela em que Jim trabalhava. "Na mesma hora, a equipe de vendas quis ser incrivelmente agressiva", recorda ele. "Sempre é assim. Os vendedores querem vender, não importa como."

Mas o "como" dessa situação era importante. Se ganhasse o lance do megavarejista, a empresa de Jim mataria o principal concorrente. Bom, não mataria na mesma hora, mas "roubaria" metade de seus negócios e liberaria a capacidade de suas fábricas, com consequências potencialmente terríveis.

"Na maior parte do tempo, em setores consolidados, não é bom que um concorrente fique em cena com enorme capacidade e potencialidade ociosas", diz ele, "porque com certeza vai retaliar na próxima concorrência, que pode ser o negócio que você *realmente* quer do ponto de vista do lucro."

A questão é que, no marketing B2B, é preciso escolher sabiamente as parcerias. Os setores consolidados acentuam o equilíbrio entre crescimento e margem, e, quando os relacionamentos tendem a ser poucos em número e de longo prazo na natureza, em geral faz sentido buscar a margem. Mas só se pode fazer essa avaliação quando se pensa em termos estratégicos. No espaço B2B, não é possível vencer todas as batalhas pelo cliente.

Nem se deve.

Nosso princípio operacional final no B2B diz respeito principalmente a setores não consolidados e é o seguinte: *tenha medo da Amazon.*

Tenha medo da Amazon, aprenda com ela, adote dela o que conseguir — e combata-a com tudo o que puder.

Veja, ainda há muitas empresas que operam com catálogos grandes e grossos como seu motor. Catálogos com centenas, quiçá milhares de pequenas peças, dispositivos, rebimbocas etc. Se estiver no setor de construção civil, você sabe o que queremos dizer. Há cerca de seis mil variedades de pregos. Soquetes de luz, mesma coisa. A lista é infindável.

Seria de se pensar que a internet já teria matado os catálogos B2B, mas, na verdade, nos setores onde são mais relevantes, os catálogos ainda respondem por 60% das vendas, principalmente porque há uma legião de compradores que ainda querem e precisam pegar o telefone, ligar para uma central e discutir suas compras com uma pessoa de verdade, que saiba um pouco sobre o assunto. A Amazon, contudo, sabe reconhecer as oportunidades que vê e, nos últimos anos, vem invadindo esse território, usando a tática usual de preços baixíssimos, frete baixíssimo e uma operação imbatível da cadeia de suprimentos.

Se quiser ficar e jogar, sua única defesa será um serviço incrível. Sorte sua: seus funcionários com certeza sentiram o impacto da Amazon em suas vidas e, intuitivamente, entenderão por que você tanto exige um desempenho melhor. O inimigo, por assim dizer, não poderia ser mais real.

Claro, você pode se sentir tentado a igualar os preços da Amazon. Mas essa solução é insustentável, por razões óbvias. Não, você só pode revidar dando a seus clientes o que a Amazon não consegue dar. Conhecimento e orientação. Interesse genuíno e ideias.

Sim, é uma parceria outra vez.

Como dissemos, sem dúvida o marketing B2B foi transformado pelo novo universo online interconectado, só que, mais do que nunca, se parece com o que era antes.

Talvez não de barriga para barriga, mas com muito contato do mesmo jeito.

Dizem que o renomado inovador Edwin Land afirmou em 1980: "Marketing é o que se faz quando o produto não é bom".

Land não está mais entre nós, nem a empresa que fundou, a Polaroid, ironicamente vítima da mudança dos clientes e da tecnologia, e muito provavelmente de uma equipe de gestão de produtos que também não descobriu como acompanhá-la.

Mas o comentário de Land ainda é um excelente lembrete, ainda que doloroso, de que o marketing tem que começar com um bom produto, seja B2C, seja B2B. Melhor ainda se começar com um ótimo produto.

Com isso — e já é muito —, você pode começar a liberar todo o arsenal do marketing.

No marketing voltado para o consumidor, há a acessibilidade lucrativa; é a praça. Há uma proposta de custo bem testada e constantemente refinada; é o preço. Mensagens que encontram os clientes com precisão de laser e os deixam totalmente surpresos; é a promoção. E uma empresa que integra profundamente o marketing a todas as funções; as pessoas.

No marketing *business to business*, há a construção de relacionamentos para minimizar os leilões, sustentada pelo pensamento estratégico sobre capacidade, potencialidade e a concorrência, incluindo a Amazon.

Seja como for, podemos sugerir uma pequena revisão da citação de Land.

Marketing, diríamos, é o que se faz *depois* de ter um *bom* produto.

E hoje podemos fazer mais do que nunca.

7

GESTÃO DE CRISE: BEM-VINDO AO COLISEU

S E O MARKETING em tempos "normais" já intimidava, vamos agora ao marketing em tempos ruins, também chamado de gestão de crise. Se tiver sorte, você nunca vai precisar dos conselhos que vamos oferecer. Mas, dado o mundo estilo Coliseu romano em que vivemos, isso é menos provável do que nunca. É como observou o *New York Times*: "Quase todo dia, a internet exige uma cabeça na bandeja".

E esse aviso não se aplica apenas a grandes empresas ou grandes líderes. As crises de relações públicas atingem todos os tipos de empresa, novas, velhas e intermediárias, com fins lucrativos ou não, e lança uma luz pública, dura e repentina sobre quem trabalha nelas em todos os níveis. Você está trabalhando na empresa há dois anos, e descobrem que alguém de sua equipe, que você não contratou e mal conhece, alterou o resultado de um importante relatório de pesquisa. Você pode comandar uma divisão em Chicago e se atolar em um golpe cometido por um vendedor de Atlanta que chega às manchetes. As crises nunca aconteceram só com os escalões mais altos da empresa, mas, antigamente, seu cargo lhe dava cobertura.

Hoje, não. Hoje, todos precisam entrar na arena com escudo e espada em riste.

É óbvio que, em nosso negócio — falar, escrever e assessorar —, já tivemos muitas oportunidades de opinar sobre gestão de crise. Na verdade, lhe dedicamos um capítulo inteiro em nosso último livro, *Paixão por vencer*, publicado nos Estados Unidos em 2005. Realmente, defendemos que nossos conselhos no livro continuam quase inalterados dez anos depois, com uma ressalva.

Com o advento das mídias sociais, tudo o que acontece a uma empresa ou a um indivíduo durante uma crise é mais rápido agora. Mais rápido... e pior. As mídias sociais, apesar de todas as suas virtudes — e nós mesmos somos usuários e consumidores entusiasmados —, têm um jeito próprio de transformar o mundo em uma câmara de eco gritante, barulhenta e violentamente sarcástica, com propensão a ricochetear as más notícias ida e volta até Tombuctu com mais rapidez do que proferimos as palavras "Já soube?". Não admira que Monica Lewinsky tenha observado que a única coisa boa em seu escândalo foi ter acontecido antes do Twitter.

O Twitter e, é claro, as mídias sociais irmãs não mudam tudo na gestão de crises, mas exigem diretrizes adicionais, a que logo chegaremos.

Antes disso, contudo, uma revisão rápida de nossos princípios originais de gestão de crise. Para atualizá-los, basta acrescentar, após cada um deles, a frase "Só que agora é pior e mais rápido".

Primeiro, por mais que tente contê-la, sua crise será maior e mais profunda do que você pensa. Ah, claro, haverá dias bons durante a crise, dias esperançosos, em que você vai pensar que a história se esgotou. Mas o fato é que as más notícias se prolongam até que cada mínimo detalhe seja exposto. Em uma palavra, a supressão da crise é impossível. *(Só que...)*

Em segundo lugar, não existem segredos neste mundo. Seus advogados podem sugerir que você negocie ou compre o silêncio dos envolvidos na crise específica; os especialistas em relações públicas, também. Mas promessas, contratos e indenizações são soluções imperfeitas. Se mais de uma pessoa sabe de seus desatinos, é melhor publicar um release. Porque, na hora das más notícias, tudo vai aparecer. *(Só que...)*

Em terceiro lugar, o modo como você lida com a crise será retratado sob a pior luz possível. Vá em frente, conte seu lado da história aos jornalistas. Eles talvez até pareçam solidários durante a conversa; afinal de contas, é serviço deles fazer você sentir que arranjou um amigo. Mas, se estiver nos negócios e sua empresa for a base de uma crise, não haverá cobertura que lhe dê o benefício da dúvida. *(Só que...)*

Em quarto lugar, haverá mudanças em processos e pessoas de sua empresa por causa da crise. Com isso, queremos dizer que haverá sangue no chão. Desculpe a metáfora tão explícita, mas é assim que acontece. A crise exige mudanças. Uma parte será boa e saudável. Novos controles serão instalados. A cultura defeituosa será consertada. Mas, enquanto isso acontece, o mundo tende a exigir que uma ou mais pessoas paguem pelo que deu errado com seu emprego, e antes disso o clamor da multidão não vai parar. *(Só que...)*

E, em quinto e último lugar, sua empresa sobreviverá à crise e ficará melhor e mais forte por isso.

Neste, não há necessidade do adendo. Ele ainda é válido. O fato é que a maioria das empresas sobrevive às crises, mesmo às terríveis, e a maioria melhora por causa da experiência.

Veja a Under Armour. Ela sofreu três semanas de escoriação nas mídias sociais durante a Olimpíada de Inverno de 2014, devido a uma controvérsia sobre o modelo dos uniformes da equipe americana de patinação de velocidade, que muitos na mídia responsabilizaram pelo mau desempenho. As ações caíram, e o CEO Kevin Plank foi ao ar para o combate. Dentro da empresa, na época o tumulto deve ter sido sentido como um risco de vida absoluto. Mas, de certo modo, a batalha deu nova pujança à empresa. A Under Armour intensificou a relação com a equipe de patinação de velocidade, a patrocinou na Olimpíada seguinte e, pouco depois, explodiu com uma nova campanha publicitária muito anunciada e uma série de produtos novos. Crise? Que crise?

Dito isso, sim, às vezes a surra nas mídias sociais é tão arrasadora que a empresa ou o indivíduo se sentem esmagados por muito tempo. Na verdade, a lista de empresas e indivíduos marcados de forma profunda e talvez permanente pelas crises aumenta a cada ano. Seria difícil afirmar que os erros de empresas (ou das pessoas) estão piorando. As empresas e os indivíduos sempre fizeram besteira, se queimaram e explodiram diante dos olhos do mundo. O que mudou foi o efeito multiplicador das mídias sociais, que faz cada erro (ou percepção de erro) se espalhar mais depressa, parecer mais feio e ficar mais escandaloso do que nunca.

Em um dia ruim, isso basta para você ficar com vontade de se salvar e correr para uma caverna.

OS PRINCÍPIOS DA PREPARAÇÃO PARA A TEMPESTADE

É claro que isso não é possível. Não dá nem para tentar. Não funciona e, na verdade, a maioria das tentativas de furtividade nos negócios sai pela culatra. Não é possível estar fora de alcance.

E então? Bom, a resposta mais óbvia é tentar evitar as crises, e essa é uma parte imensa do que os líderes pretendem quando criam culturas saudáveis, com valores que promovem a integridade e a franqueza. Mais uma vez, não falamos apenas dos líderes em cargos mais altos, mas de líderes a partir do nível da equipe.

Ainda assim, a vida acontece. Certo dia, você está de boa e, de repente, seu computador explode de e-mails, o celular começa a tilintar, alguém entra em sua sala e diz que precisa falar com você agora mesmo. Algo deu errado. Algo importante. E, em um piscar de olhos, há uma bagunça horrorosa no quintal. Ou no jardim da frente. Ou até bem em sua mesa.

Para essa eventualidade, recorremos agora a um conjunto de práticas de comunicação para instalar, nos tempos bons, um tipo de seguro contra furacões. Esses antídotos não impedirão que a tempestade aconteça, mas tendem a facilitar a limpeza.

O primeiro é armazenar boa vontade antes de precisar dela. Há muitas razões para todas as empresas serem boas cidadãs em sua comunidade e muitas razões para todas as empresas serem empregadoras justas e transparentes. Acrescente à lista a gestão de crise. Ter amigos e apoiadores autenticamente conquistados nos tempos bons aumentará a probabilidade de ter defensores eloquentes nos tempos ruins.

Do mesmo modo, algumas crises são pessoais, do tipo *você* fez bobagem. *Você* perdeu um prazo importantíssimo, perdeu um cliente importantíssimo, aprovou uma campanha publicitária importantíssima que não trouxe bons resultados. *Você*, em outras palavras, é a crise ou, no mínimo, está no meio dela.

Mais uma vez, nesses casos, quanto mais boa vontade você tiver guardado no banco dos relacionamentos, melhor. Ver-se transformado em *trending topic* do Twitter não é a melhor hora de começar a pensar: "Quem atestará que, na verdade, não sou a pior pessoa que já existiu?". A hora de pensar nisso é no primeiro dia do primeiro emprego, quando você para um instante antes de atender à primeira ligação ou participar da primeira reunião para se lembrar de que, sim, é fato conhecido que tudo o que vai, volta, ou invocar a verdade igualmente eterna de Maya Angelou: "Os outros vão esquecer o que você disse. Vão esquecer o que você fez. Mas nunca esquecerão o que você os fez sentir". Com palavras e ações, faça os outros sentirem que você é uma pessoa boa e decente, boa e decente demais para não ser defendida pelos que o conhecem. Pode não ser suficiente para impedir a surra, mas, em uma crise, pode ser tudo o que você tem.

Outra prática antes da tempestade: tenha uma voz pública robusta em vários canais, mesmo que não tenha nada urgente a dizer. Em um mundo que não para de falar, é preciso participar da conversa. Especificamente, se você for uma marca de bens de consumo, a crise não é a hora de encontrar seus seguidores nem de descobrir qual é sua voz. Observe aqui que dissemos "vários canais". É importante garantir que sua comunicação ocorra em todas as plataformas nos tempos bons, porque, quando a crise chegar, pode ter certeza de que sua oposição vai se dedicar a definir e atacar você em todas as plataformas que ficaram de fora.

O mesmo acontece quando a crise é pessoal. Hoje em dia, todos precisam pelo menos de um canal de voz direto com o mundo. Twitter, Facebook, Instagram... pode escolher. E não ache que você é "insignificante" demais para a empresa, ou de "nível baixo demais" para preparar uma plataforma. No pior dos casos, nunca precisará usá-la. No melhor, ela estará pronta quando você precisar.

Durante a crise, a melhor coisa das mídias sociais é que, apesar da brutalidade, ela lhe permite transmitir sua mensagem sem intermediários. Já se foi o tempo em que você tinha um jornalista de confiança para transmitir sua mensagem corretamente, no tom desejado, com as palavras desejadas. Hoje, não é preciso ninguém entre você e o público. Você pode falar por si. E, se for suficientemente autêntico e rápido e tiver seu megafone pronto em todas as plataformas possíveis, isso pode funcionar muito bem.

Em 2013, quando uma foto de brincadeira que mostrava um funcionário da Taco Bell lambendo uma pilha de tacos viralizou, a percepção da marca pelos consumidores despencou profundamente no mesmo dia em que a história apareceu. Mas a Taco Bell agiu de imediato: demitiu o funcionário e esclareceu tudo nas mídias sociais, afirmando aos clientes que era só uma piada de mau gosto; o produto não seria consumido. A divulgação deu certo, e em apenas três dias a marca recuperou o nível de percepção pré-crise, medido pela escala BrandIndex Buzz da YouGov.

A questão é: a Taco Bell foi rápida ao se engajar. E você?

Próxima prática da lista: não crie uma crise sem querer com o modo como demite alguém. A verdade é que muitas crises acontecem porque os gerentes fazem algo muito burro; na verdade, criam os dedos-duros e os críticos militantes. Como? Deixam de amar os funcionários demitidos que saem da empresa. Deixam de tratá-los na saída com a mesma dignidade da entrada. É muito humilhante. Discutiremos com detalhes o modo certo de demitir no próximo capítulo sobre liderança. Por enquanto, guarde a ideia de que você deve tentar tudo para impedir que um funcionário vá embora se sentindo amargurado. Eles viverão para que você recorde que a mesquinharia — financeira e emocional — nunca dá certo.

Nosso último antídoto na gestão de crises na verdade só entra em ação quando a crise chega, e aqui está ele. Agarre-se à única coisa líquida e certa: isso também vai passar. Sim, no meio da crise o ódio será horrível. Você terá medo de perder o emprego, a reputação, os amigos. O ruído será insuportável e vai parecer que durará para sempre. Você vai sentir que todo mundo presta atenção em você, pensa em você e disseca você, passa cada minuto da vida falando de você e de sua humilhante trapalhada pública.

Talvez isso aconteça. Postulamos que é improvável. Mas, mesmo que aconteça, saiba que vai passar. Sempre passa.

Escute bem: sempre passa.

A multidão irá adiante. Você não pode controlar a hora. Só pode controlar até que ponto acredita que a situação nunca mais vai melhorar.

A situação vai melhorar.

Não por osmose, é claro. Você, sua empresa ou ambos precisam fazer o que for preciso para remediar as circunstâncias. Lute se for necessário. Corrija-se se for o caminho certo. Conserte o que se quebrou. Mude as pessoas ou processos que deram errado. Limpe, areje. Volte ao jogo.

Mas, em tudo isso, não permita que as mídias sociais estraguem sua alma. As crises acontecem. Você pode se preparar, e recomendamos ao máximo que se prepare. No entanto, mesmo assim, você não estará imune. Assim, quando ela chegar, avance de olhos abertos.

Você será notícia velha antes mesmo de perceber.

A QUESTÃO É O TIME

8. LIDERANÇA 2.0   *101*

9. MONTAR UMA EQUIPE UAU   *114*

10. GÊNIOS, VAGABUNDOS E LADRÕES   *125*

8

LIDERANÇA 2.0

Neste capítulo, pedimos que deixe de lado (pelo menos temporariamente) a miríade de teorias e banalidades que ouviu sobre liderança no decorrer de sua formação e de sua carreira e avalie a possibilidade de que a liderança seja, simplesmente, duas coisas:

1. Verdade e confiança.

2. Buscar incessantemente a primeira, construir incansavelmente a segunda.

Neste capítulo, daremos uma olhada atenta em como fazer isso de forma exata, não a milhares de metros de altura, mas bem de perto. Afinal, a liderança, apesar de todas as coisas pretensiosas escritas sobre ela, não deve ser um exercício abstrato. Ela está nos detalhes, ou, como sugerimos, no faça ou não faça.

Antes, um breve lembrete, pois já opinamos sobre liderança neste livro. No Capítulo 1, defendemos que o trabalho vira rotina, a não ser que os líderes da empresa identifiquem uma missão inspiradora e elucidem os comportamentos cotidianos que lhe dão vida. Atribuímos um nome à conexão fundamental entre missão e comportamentos, "alinhamento", e afirmamos que tende a acontecer com muito mais frequência quando as pessoas são recompensadas por abraçar a missão e promover seu sucesso com os comportamentos. (Chamamos essa noção não muito chocante de "consequências").

Também no Capítulo 1, listamos cinco atividades essenciais da liderança — essenciais por serem a chuva de primavera e o saco de adubo, por assim dizer, do alinhamento. Elas são:

1. *Pôr-se no lugar de todos* — cuidar com paixão de seu pessoal e entender o que entusiasma as pessoas.

2. *Servir como o diretor de significado* — usar palavras e atos para dar contexto e propósito ao trabalho da equipe.

3. *Remover obstáculos* — tirar a burocracia e outras coisas sem sentido do caminho da equipe até o resultado.

4. *Demonstrar o gene da generosidade* — ir além em seu desejo e esforço de recompensar os outros pelo ótimo desempenho, com dinheiro, promoções e elogios.

5. *Garantir que o trabalho seja divertido* — criar um ambiente de alegria e comemoração.

Como achamos que você verá, essas atividades estão alinhadas à liderança da verdade e da confiança. Aliás, o mesmo acontece com o arcabouço dos "Quatro Es e um P" que usamos extensivamente no passado para falar de liderança. Esse arcabouço afirma que os líderes mais eficazes transpiram *energia*, têm habilidade para *energizar* os outros, *executam* as ideias em ação e têm *edge*, isto é, a vantagem necessária para tomar decisões, tudo bem embrulhado em um grande pacote de *paixão*.

Em nosso último livro, *Paixão por vencer*, fizemos o que todos os escritores fazem, que é construir uma casa em cima desse arcabouço, formulando oito regras para os líderes. Ao examinar essa lista dez anos depois, ficamos contentes ao ver que todas suportaram a prova do tempo. Os líderes ainda precisam atualizar incansavelmente suas equipes, garantir que o pessoal viva e respire a visão da empresa e transpirar confiança e otimismo. Ainda precisam agir com transparência, ter a coragem de enfrentar conversas difíceis e garantir que suas diretivas resultem em ação. E, sem dúvida, ainda têm que inspirar os outros a correr riscos e reservar tempo para comemorar as grandes e pequenas vitórias.

Eis o resultado. A liderança da verdade e da confiança é uma daquelas coisas da vida que é maior do que a soma das partes. É uma abordagem abrangente — um princípio organizador — que embasa tudo o que os líderes fazem todos os dias, seja em reuniões com o pessoal, em avaliações de desempenho, em sessões para criar estratégias ou nas revisões do orçamento, e tudo o que fica no meio.

A liderança da verdade e da confiança é uma mentalidade e uma metodologia.

Nos tempos de hoje, pode e deve ser você em ação.

A VERDADE, SOMENTE A VERDADE

A verdade é uma coisa boa, não é? Quem discordaria?

Quase ninguém, provavelmente. Nem mesmo o líder de que ouvimos falar recentemente, quando uma amiga chamada Lauren nos telefonou pedindo ajuda em uma crise da carreira.

Na época, Lauren, de 34 anos, era uma analista financeira que trabalhava na mesma pequena corretora de investimentos desde que se formou na faculdade. Seu cargo envolvia pesquisa e uma boa parte de atendimento aos clientes. Recentemente, o CEO da empresa de Lauren anunciou que venderia a empresa aos diretores e se aposentaria. Nessas conversas, Lauren ouviu boatos de que se tornaria sócia como parte da transação.

De repente, os boatos cessaram, e Lauren foi informada (por um colega) que o chefe era a razão. Ela ficou magoada a ponto de pensar em se demitir. "Eles vão perder muitos negócios se eu sair", disse ela. "Os clientes me adoram."

Perguntamos a Lauren se o chefe pensava do mesmo jeito sobre seu valor para a empresa. Houve uma pausa, e ela disse: "Ele não quer que eu seja sócia porque sou mulher. Ele ficou irritadinho quando passei a trabalhar em meio expediente depois que tive bebê".

Era isso mesmo? É possível. Mas eis a história: esse era um palpite de Lauren. Quando a pressionamos, ela admitiu que não fazia ideia do que o chefe realmente pensava de seu desempenho, antes ou depois do bebê, porque ele nunca lhe contou.

Que vergonha.

Vergonha porque as avaliações regulares de desempenho são uma responsabilidade inexorável de todos os gestores, e também porque, se algum de nós encontrasse o chefe de Lauren, digamos, em uma conferência sobre liderança, sem dúvida ele concordaria com a hipótese de que falar a verdade no trabalho é muito bom.

Vejamos o caso de uma fábrica que conhecemos bem. Pertencente há décadas a um conglomerado que poderia ser generosamente chamado de "pai ausente", de repente a empresa se viu no centro das atenções do novo dono, um fundo de *private equity* que queria saber todos os detalhes sobre a administração. Façam uma revisão de talentos do pessoal, disseram, e nos pintem um quadro fiel do cenário da concorrência. Como mudar nossa posição relativa? Como mudar o *jogo*?

Hum. Digamos que, se essa conversa ocorresse em uma sala de aula, os executivos da fábrica teriam sorte se recebessem a nota que correspondesse a "incompleto". Por quê? Porque, para todos os fins, eles tinham parado de buscar a verdade sobre a empresa anos antes, quando seus próprios chefes deixaram de se importar. Como muitas outras pessoas nos negócios, tinham se acostumado a trilhar o caminho fácil e evitavam o tipo de conversa e de pergunta difícil quase sempre envolvida na busca (e no encontro) da verdade.

A verdade ao dizer às pessoas qual é sua posição na empresa e ser muito específico sobre como podem melhorar.

A verdade ao falar de como vão os negócios e dos desafios reais à frente.

A verdade ao derrubar os pressupostos por trás da estratégia, do orçamento e de outros processos da empresa. Toda reunião, todo encontro é uma oportunidade de chegar à verdade da questão. Toda reunião, todo encontro termina com a reflexão de todos os envolvidos: "Chegamos à verdade com nossa conversa?".

Vejamos a estratégia. Alguns anos atrás, ouvimos Terry Leahy, ex-CEO da Tesco, varejista do Reino Unido, afirmar que a formulação de estratégias é "um exercício de buscar a verdade o tempo todo". Que jeito incrível de definir! Na verdade, o processo dos "Cinco slides", que descrevemos no Capítulo 2, depende de uma análise que busque a verdade. Quais são as capacidades *reais* da empresa? Como *realmente* é o campo de jogo?

Se você quiser que sua estratégia sirva para alguma coisa, essas perguntas precisam ser respondidas com rigor. Esperamos que essa palavra provoque um arrepio em sua espinha; deveria mesmo. Rigor não significa assistir ao PowerPoint de um gerente de quem você por acaso gosta e assentir com a cabeça enquanto ele cospe afirmativas precisas sobre crescimento do mercado, reações da concorrência e recém-chegados ao mercado. Rigor significa perguntar: "Onde você achou esses números? Quais foram os pressupostos subjacentes que levaram você até eles? Que tipo de tecnologia, e de quem, poderia destruir tudo o que você está sugerindo?".

Em outro exemplo, a busca rigorosa da verdade não significa aceitar uma apresentação do RH em uma sessão de revisão de estratégias que prometa que um novo esforço de recrutamento dará resultado em seis meses. Significa perguntar: "Sua previsão está certa? Quais empresas por aí estão conseguindo as pessoas que queremos? O que elas fazem de forma diferente de nós? Estamos explorando plenamente os recursos do LinkedIn para garimpar bons candidatos? Oferecemos bônus a nossos funcionários atuais por nos ajudarem a encontrar os talentos do setor? Até que ponto nosso pacote salarial é competitivo?".

Em última análise, na estratégia, a busca da verdade é exatamente o que parece. Uma compulsão de nunca aceitar suposições e garantias. Uma fome de escavar e escavar até que a verdade, despida de fantasias, em toda a sua glória ou horror, nos fite frente a frente, gostemos ou não.

Vejamos o orçamento. Na imensa maioria das empresas, é o processo mais "desprovido de verdade" que há. Há vieses por toda parte; cada grupo vai para o combate com uma pauta. Os diretores querem custo menor e receita maior, e vão escavar, sondar e espremer até conseguir. Por sua vez, as unidades de negócios geralmente vão para a reunião de orçamento com a defesa bem fechada. O objetivo é baixar as expectativas para obter bônus maiores por ultrapassá-las. Também tentarão de tudo para levar a melhor.

No fim, os números sempre chegam a um ponto intermediário, não é? Há pouquíssimas conversas sobre o que realmente acontece no mercado, e bem menos do que o necessário sobre o que se poderia conseguir se as pessoas parassem de pechinchar e começassem a falar de oportunidades. A coisa toda é um treinamento de distorção e minimização.

No entanto, é espantoso que esse tipo de comportamento destrutivo esteja entranhado nas reuniões de orçamento. Pode acontecer até em *private equity*, em que os sócios e diretores das empresas são muito mais alinhados do que no ambiente típico de negócios. Afinal de contas, na PE tanto os sócios quanto os diretores são donos de parte significativa da empresa, e não há razão lógica para os diretores acharem que melhorariam a carreira disfarçando os números. Ainda assim, em nossa experiência, pode levar de um ano a dezoito meses para os ex-tipos corporativos abandonarem a mentalidade defensiva de ganhar no orçamento e ficarem à vontade para falar francamente de que modo os dois lados *juntos* podem fazer a empresa crescer mais depressa.

Quando eles abandonam essa mentalidade, a positividade e as possibilidades liberadas são imensas. As pessoas começam a dizer coisas como: "E se pegarmos o lucro do segundo semestre e investirmos naquele novo projeto de P&D?" ou "Vamos falar da compra das empresas X e Y. É, vai ser difícil a curto prazo, mas seria um sucesso enorme mais adiante". Fechar o capital e não ter mais de agradar nenhum analista de segurança externo deveria criar um ambiente todo novo. Lá se foram os dias em que fazer o orçamento era como ir ao dentista para arrancar um dente. As conversas são todas sobre opções, custo-benefício e oportunidades. Em vez de minimização, são exercícios empolgantes de maximização.

Empolgantes e com retorno imenso. Porque, nos negócios, a verdade é uma arma competitiva. Torna as empresas mais rápidas, mais justas, mais hábeis e mais criativas. Torna as empresas lugares onde as pessoas querem trabalhar, lugares onde contribuem com tudo o que têm. Talvez você esteja pensando que não está em um cargo suficientemente alto da empresa para transformar em mantra a busca da verdade. É arriscado demais, diferente demais. Descarte essa ideia. Com seu enorme lado bom, com o resultado que provoca, a verdade é para todos os líderes, em todos os níveis, do líder novato da equipe ao CEO. Claro, você pode liderar sem ela. A única pergunta é: por que faria isso?

O DIVIDENDO DA CONFIANÇA

Esperamos ter convencido você de que a busca da verdade é a essência da liderança. Mas aqui está uma realidade que é preciso enfrentar. Você nunca terá a verdade sem confiança. Nem sempre as pessoas querem ouvir a verdade, mas tendem a confiar nas pessoas que lidam com ela, que a exigem e demonstram o tempo todo. Então, vamos olhar o que é necessário para criar uma base de confiança em sua empresa com uma lista de "faça ou não faça" da liderança.

O primeiro "faça" é *cuidar loucamente das pessoas e do trabalho que fazem*. Se essa sugestão lhe parece familiar, é porque faz parte dos cinco imperativos da liderança do Capítulo 1. Demonstrar o gene da generosidade e remover os obstáculos são exemplos. Ambos são maneiras proativas e inconfundíveis de mandar a mesma mensagem: "Estou nessa com você".

A mesma mensagem é transmitida quando você defende sua equipe — principalmente, quando as pessoas estão chateadas. Veja, é fácil aplaudir os subordinados quando eles levam a você uma grande ideia inovadora ou terminam um ano em que os números explodem. É quando a iniciativa fracassa que eles precisam que você reforce publicamente o endosso anterior e divida igualmente a responsabilidade pela falha. Mesmo naqueles casos em que um membro da equipe tem que ir embora por ter um desempenho muito abaixo da expectativa, ele precisa contar com sua compaixão e dignidade ao lidar com a demissão. Aqui, em outras palavras, o "faça" que cria confiança é *estar ao lado de seu subordinado quando ele estiver na pior.*

Vemos com muitíssima frequência o "não faça" ligado a isso: sumir quando um subordinado tropeça em uma aposta arriscada com a qual vocês dois concordaram, enquanto grita por sobre o ombro: "Eu sabia que não ia dar certo!". Isso é muito feio; é o tipo de covardia que cheira a autopreservação e faz a confiança morrer no mesmo instante. Na verdade, chegamos a ponto de dizer que nada consegue destruir mais depressa a ligação de um líder com seus seguidores.

Em uma categoria semelhante está a atribuição, ou não, de crédito. Já viu um líder que reúne as ideias ou iniciativas dos subordinados (ou ambas) e as apresenta a seus chefes como dele? Que panaca. Se você é um líder que serve de intermediário de ideias inteligentes — e, hoje em dia, quem não é? —, é preciso *honrar a devida titularidade.* Você passará a ter a reputação de íntegro e, melhor ainda, seu pessoal ficará contente de lhe levar suas melhores ideias.

Então há o "faça" da liderança que você ouve falar o tempo todo: escutar. Dizem com frequência que escutar ajuda os líderes a tomar decisões melhores e mais embasadas, e é claro que concordamos com isso. Mas igualamos a escuta à criação de confiança, porque ela é um modo de demonstrar respeito pelo pessoal. Uma ressalva: escutar é importantíssimo no dia a dia, e os líderes eficazes adotam a escuta como prática comum em reuniões de rotina e coisas assim. Mas o que realmente cria confiança são aquelas ocasiões em que você *escuta quando escutar é difícil.* Durante uma crise, por exemplo, quando as más notícias chovem sobre você, ou o contrário, quando você não sabe nada, porque a cultura da empresa deixa todo mundo por fora das informações. Nessas situações, as pessoas ficam muito sensíveis. Morrem de medo de perder o emprego. Demonstrar franqueza com os escalões superiores exige uma dose imensa de coragem, e muitas vezes há muito sofrimento antes do momento da verdade. Como líder, você pode se enfiar em reuniões com os donos do poder e se isolar da equipe. É natural; você sente que cada passo que dá pode explodir uma mina. Ainda assim, é exatamente nessas situações que você tem que criar oportunidades para a equipe abrir sua mente com você. Você pode acabar ouvindo a verdade — algo que você quer de forma desesperada, como já dissemos — ou apenas estar à disposição para absorver suas emoções. De qualquer modo, escutar a franqueza — *convidá-la* — faz parte do serviço.

Ou vejamos uma aquisição em que, de repente, você é instalado como o novo chefe; ninguém o conhece, você não conhece ninguém. Mais uma vez, seu pessoal estará ansioso, sem saber o futuro. Para muitos, a compra da empresa é como a morte; o mundo todo deles é terrivelmente revirado. Então, você chega. Pode começar a dar ordens e tomar decisões unilaterais para demonstrar sua autoridade. Pode se comunicar só com os de cima; afinal de contas, para você há muita coisa em jogo. Pode trazer sua antiga equipe do emprego anterior e avançar a partir daí.

Por favor, não faça isso. Seja uma crise, uma aquisição ou qualquer outro tipo de confusão, faça o possível para resistir a esses impulsos e reserve tempo, por mais difícil que pareça em circunstâncias complicadas, para deixar que as pessoas lhe contem seus pensamentos e pontos de vista e reflita genuinamente sobre eles. Nem sempre você concordará, mas dar voz aos outros é o mesmo que lhes dar dignidade, um promotor de confiança cujo efeito durará muito tempo depois que a crise passar.

CRIAÇÃO DE CONFIANÇA EM TEMPO REAL

Uma parte grande da liderança ocorre nas reuniões, não é? Ou deveria. É nas reuniões que nos juntamos para falar sobre o trabalho e como ele será feito. É nelas que revelamos informações sobre a concorrência, revisamos produtos, papeamos sobre o que está acontecendo com a tecnologia, chafurdamos nos números da semana etc. Ainda assim, com demasiada frequência, as reuniões são um desperdício de tempo, sem graça e previsíveis, com cada integrante recebendo informações já prontas, cheias de distorções, que todos poderiam ler facilmente no papel. São manobras irritantes sobre nada.

Mas as reuniões são uma excelente oportunidade para criar confiança se forem feitas do jeito certo — isto é, se você incentivar o debate às claras e elogiar a coragem de quem diz algo ousado, contraintuitivo ou que questiona pressupostos; mais ainda se você repreender os agressivos que, com muita frequência, tentam silenciar as opiniões contrárias.

Vejamos o caso de nosso conhecido John, editor de uma revista na internet que convocou uma reunião não faz muito tempo para falar com a equipe sobre "publicidade nativa" — sabe, aquelas reportagens que parecem conteúdo editorial de qualidade e que você vai lendo até perceber que não são.

Os jornalistas têm uma longa tradição de detestar a invasão publicitária em seu nobre empreendimento, e a esperança de John com a reunião era, principalmente, acalmar uma maré crescente de raiva contra o lado comercial da empresa, com a promessa de que a publicidade nativa nunca passaria de 10% do conteúdo do site, um acordo que ele tinha negociado com o diretor financeiro. Esse anúncio foi recebido com aplausos do pessoal, seguido rapidamente por quinze minutos de xingamentos à publicidade nativa. Foi uma verdadeira festa de ódio. Então, pouco antes do término da reunião, Liz, da equipe editorial, chamou a atenção de John. O primeiro passo dele na boa liderança foi reconhecer que Liz era a única pessoa da sala que ficou calada a reunião toda. O segundo foi convidá-la a mudar isso. "Liz", disse ele, "não ouvimos você falar. Qual é sua opinião?".

A princípio, Liz hesitou, mas John insistiu. Após uma pausa, ela cedeu. "Bom, é que, na verdade, discordo de vocês todos", disse ela. "Acho que os leitores são inteligentes o bastante para saber a diferença entre a publicidade nativa e o conteúdo editorial, e chego a dizer que muitos a aceitam como parte da experiência na internet, porque entendem seu propósito."

O silêncio na sala foi de estourar os tímpanos, mas, nele, John pediu a Liz que continuasse.

Ela continuou e continuou. Anos antes de se tornar redatora, Liz tinha trabalhado no lado comercial de outro site editorial e, com o apoio silencioso de John naquele dia, deu aos colegas uma aula sobre o aspecto econômico de não usar publicidade nativa. Ela não conquistou apoiador algum e, em certo momento, um membro extrovertido da equipe tentou silenciá-la com um gemido e olhos revirados.

John foi rápido em repreendê-lo: "Nick, pare com isso", disse. "Liz acabou de demonstrar algo que precisamos muito por aqui: franqueza."

Aliás, o último comentário de John é algo que chamamos de "gestão por modelo", uma ferramenta poderosíssima de mudança cultural, na qual um líder destaca (e apoia) o comportamento específico de um funcionário como padrão para os outros admirarem e imitarem. Não se pode deixar de enfatizar a gestão por modelo quando se quer transmitir a importância de determinados comportamentos. As pessoas realmente prestam atenção aos elogios — e repreensões — públicos. Aqui, nossa questão principal é a criação de confiança pelo incentivo ao debate autêntico. Imagine o que aconteceria se John não incentivasse Liz a defender sua posição naquela reunião. "John fala muito sobre sermos uma equipe", ela pensaria amargamente, "mas só está na equipe quem concorda".

Portanto, use a gestão por modelos ou qualquer meio necessário. Deixe claro que nenhuma voz isolada controla a conversa em sua empresa. Não seria busca da verdade se fosse feito de outro modo.

Acabamos de indicar que o risco de silenciar o debate franco ajuda a explicar por que parte dos funcionários se sente desautorizada. Uma dinâmica bem parecida ocorre quando os líderes corroem a confiança falando com os subordinados sobre os outros. Essa ocorrência comum — basicamente, fofoca com outro nome — é um imenso "Não faça". Mas acontece o tempo todo, porque os líderes são humanos e, como tais, fazem mais amizade com alguns funcionários do que com outros. Logo em seguida, você (o líder) está em sua sala com Sal, com quem você foi pescar no fim de semana, baixa a guarda e começa a se queixar do desempenho de Joe. Agora, a princípio, Sal pode gostar do momento. Está no círculo íntimo do chefe! Mas, dali a pouco, a não ser que não seja muito inteligente, Sal vai perceber que, se você fala mal de Joe com ele, falará mal de *Sal* com outra pessoa, como talvez Lucy e Tim, seus outros amigos na equipe.

Pronto. Você acabou de criar o mesmo ambiente de confiança do refeitório do Ensino Médio.

Em vez disso, o "Faça" aqui é *acompanhar de perto a confiança e, em conversas públicas e particulares, deixar claro que todos estão no mesmo time.* Isso não significa que você não vá ser mais amistoso com alguns subordinados do que com outros. Mais uma vez, você é apenas humano. Mas significa que todos podem confiar que você não deixará a amizade atrapalhar a imparcialidade.

Ao lado das fofocas com subordinados, outro "Não faça" da liderança que acaba com a confiança é contar histórias diferentes sobre os negócios para públicos diferentes. O fato é que todo líder é convocado a apresentar relatórios a eleitorados diferentes. Não faz diferença nenhuma se você é líder de uma equipe e seus eleitores são (a) seu chefe, (b) três colegas e (c) um punhado de clientes, ou se você é o CEO e seus eleitores são o conselho administrativo, os analistas de Wall Street, os jornalistas e assim por diante. Para qualquer líder, de qualquer nível, ter várias "partes interessadas" faz parte da rotina. O que não pode ser rotina é a manipulação substancial da história para cada grupo; uma manipulação de ênfase, nível de otimismo ou dados revelados. Os líderes que criam confiança *contam a mesma história para todo mundo, o tempo todo*. Fazer outra coisa é o fim, ainda mais agora, quando as informações não têm muros nem fronteiras. Todos ouvem tudo, e as variações, discrepâncias e tentativas de distorção se agigantam. Portanto, ocupe-se apenas com consistência, e aproveite a confiança que vem a você de todos os lados por causa disso.

Por falar em eleitorados diferentes, os líderes também são convocados com frequência para negociar com esses grupos, das pessoas da comunidade local aos fornecedores, clientes e sindicatos. Praticamente não seria necessário dizer que a confiança torna essas conversas mais fáceis e produtivas, mas precisamos dizer, porque, com muitíssima frequência, os líderes entram em negociações com o que chamamos de mentalidade "fofinha". Partem de uma posição não realista ou têm a atitude de que precisam para vencer.

Veja, a negociação com eleitores exige empatia. Se quiser criar confiança, *saia de sua cabeça e entre na cabeça do outro*. Veja a situação pelo ponto de vista dele, com sua história, suas necessidades, seus riscos, seus valores. Pergunte-se: "Se eu estivesse do outro lado da mesa, o que ia querer para mim e meu pessoal? O que me incomodaria? O que eu consideraria justo?". Só com essa abertura da mente e do coração, o verdadeiro diálogo pode ocorrer. Além disso, esse comportamento é um investimento em negociações futuras. Se você já jogou limpo, seu parceiro esperará que jogue limpo outra vez, e esse sempre é um bom lugar para começar.

O último "Faça" da liderança com confiança que citaremos aqui envolve o triste tópico da demissão. É óbvio que nenhum líder *quer* demitir funcionários. Às vezes, o funcionário virou amigo. Ou está na empresa há décadas. Às vezes, você teme que o funcionário abra um processo por injustiça ou vá trabalhar em um concorrente como retaliação.

Seja qual for a situação específica, demitir quase sempre é uma situação infeliz e constrangedora, que pode abalar não só você e o pobre do funcionário, mas a empresa e a equipe toda.

Se você for líder, não há modo mais rápido de exacerbar a situação demissional do que se afastando dela. Você não quer que o problema seja seu, mas ele é seu. É preciso *assumir cada demissão*. Você é dono do erro que (você ou a empresa) cometeu ao contratar o indivíduo, é dono da incapacidade de treiná-lo para obter o melhor desempenho e é dono da responsabilidade de tornar a saída do funcionário a mais generosa possível.

Na verdade, se você não demitir direito, não é só o demitido que perde a confiança em você; toda a equipe perde.

Portanto, trate as demissões com cuidado, muito cuidado. Isso não significa demorar e retardar. Na verdade, uma das coisas mais cruéis que o gestor pode fazer é permitir que o funcionário se torne um "morto-vivo", que perambula pelo escritório enquanto todos se afastam, sabendo que o fim está próximo. É uma situação torturante para a pessoa. Evite isso a todo custo.

Se você vem realizando análises de desempenho francas e regulares que transmitem a verdade, nenhum funcionário deveria se surpreender com a notícia de que começou o processo de sua demissão. Realmente, nas empresas com sistemas de feedback muito eficazes, é comum os funcionários com baixo desempenho terem um aviso prévio de pelo menos seis meses. Com a ajuda da empresa, muitos encontram outro emprego bem antes do fim do prazo.

Dito isso, esses cenários são raríssimos. Muitas empresas avisam à pessoa que ela está sendo desligada e lhe pedem que esvazie a gavetas no mesmo dia. A não ser em casos de crime, essa prática é terrível; nós a detestamos. Mas, seja ou não assim que acontece em sua empresa, os bons líderes amam todos os funcionários que saem porta afora.

Isso mesmo, ame-os porta afora. Na verdade, ame-os no último dia tanto quanto amou no primeiro, quando os exibiu para que conhecessem todos porque estava muito orgulhoso do ótimo recém-contratado. Claro que é dificílimo trazer essas emoções de volta; mas é preciso. Combata a ânsia de se zangar com o funcionário demitido ou de culpá-lo pela situação. E, por favor, mesmo que o funcionário tenha péssimo desempenho, seja tão generoso quanto humanamente possível com a indenização.

Dessa maneira, você demonstra o tipo de integridade que promove a confiança e que seu funcionário demitido com certeza vai apreciar, e os que ficaram provavelmente vão observar com respeito e alívio.

O engraçado da liderança é que, antes de ser líder, você conta os minutos até obter o cargo. Está louco pela afirmação, a responsabilidade e, sim, até o "poder" de fazer as coisas do jeito que quer, finalmente. Então você se torna líder e, em dois dias, percebe que o serviço será avassalador. Sim, é emocionante. Sim, pode ser divertidíssimo. Mas há os funcionários que querem e precisam de sua atenção mais do que você previa. Os concorrentes que são mais rápidos e numerosos do que você sabia. As restrições orçamentárias que não lhe permitem a flexibilidade que você esperava. Os obstáculos econômicos e tecnológicos que não param.

O único antídoto é a simplicidade. A simplicidade de liderar pela verdade e pela confiança. Buscar incessantemente a primeira, construir incansavelmente a segunda. Em todas as decisões, em todas as ações.

A verdade é uma busca decidida, um fogo pessoal e insaciável que arde por saber o que realmente acontece dentro e fora da empresa.

A confiança é um músculo fortalecido pelo exercício diário. É uma disciplina aprimorada em encontros com funcionários, superiores e interessados de todos os tipos.

Combinada, a espiral dupla da verdade e da confiança decifra o código da liderança de hoje.

9

MONTAR UMA EQUIPE "UAU"

É SEGUNDA-FEIRA DE MANHÃ. Você decidiu criar um clima de verdade e confiança a semana toda em tudo o que fizer. Dito isso, há alguns probleminhas para resolver imediatamente. É preciso preencher uma vaga importante que está aberta há umas seis semanas além do prazo, a ponto de não permitir que o trabalho seja feito. E você precisa fazer alguma coisa *incrível* para impedir seu melhor funcionário de sair para trabalhar em uma nova startup tecnológica muito legal com a sede na garagem do tio do primo de alguém.

Neste capítulo, vamos falar dos fundamentos do jogo. Vamos falar de contratação e manutenção.

Vamos falar da criação de equipes.

Veja, todos os líderes, novos, experientes e intermediários, sabem que os grandes resultados vêm de grandes equipes.

Às vezes, essas equipes parecem surgir espontaneamente; tudo e todos se encaixam como uma alquimia. Mas, na maioria das vezes, a criação de equipes é um ato consciente. É um processo deliberado. Vejamos seus componentes essenciais.

OS FUNDAMENTOS DA CONTRATAÇÃO

As grandes equipes começam com grandes jogadores; por isso, a contratação é importantíssima. O chato é que é dificílima, também.

Por que é difícil? Duas razões principais. Em primeiro lugar, algumas pessoas são fantásticas na entrevista, mas implodem diante do trabalho real sobre a mesa. Mas, na maior parte das vezes, o problema é você, sr. ou sra. Gerente. Você estragou tudo. Contratou a habilidade X quando precisava de Y. Ou não notou uma característica destruidora de equipes que o candidato tinha em excesso. Acontece o tempo todo. Na verdade, em nossa estimativa, contratar corretamente gente de fora mais de 60% das vezes e promover internamente mais de 80% das vezes deixa você no território dos super-heróis.

Como contratar direito é dificílimo, é importante que você não fique estressado quando cometer um erro de contratação. Pule a parte da vergonha. Pense assim: você acabou de entrar em um clube muito grande, a Associação Internacional de Gestores Chocados "Eu Tinha *Certeza* de que o Candidato Era Perfeito". (Nós dois somos sócios.) Admita o erro e, por favor, pare de fazer o serviço do novo contratado no lugar dele para esconder seu erro do chefe e dos colegas. Como em qualquer "crime", a ocultação é sempre pior do que o deslize original. Acredite, seus chefes já passaram por isso, e você será respeitado por encarar a verdade. Assuma o erro, afaste o candidato malsucedido com rapidez e dignidade e recomece.

Recomece melhor. Recomece com o tipo certo de lista de verificação.

Você tem uma lista de verificação para contratar, não é? A maioria dos gestores tem. O problema é que, como a contratação pode ser muito assustadora, com o tempo muitos desenvolvem listas que parecem um histórico de erros, compostas pelas qualidades que deixamos de ver, como: "Pelo amor de Deus, não esqueça a autoconsciência na próxima vez. Arthur não percebia nada sobre si mesmo e deixava todo mundo maluco!".

Não vamos odiar sua lista. Se já contrata há algum tempo, provavelmente ela é bem refinada. Só estamos aqui para lhe dizer que não é suficiente. Não é *precisa* o suficiente.

As boas listas de contratação (as melhores) estão ligadas de forma indissolúvel à missão da empresa. Ainda mais fundo, estão ligadas *às habilidades e aos comportamentos específicos* que você verificou que cumprirão aquela missão. Sim, estamos falando de alinhamento outra vez. É claro que estamos, porque o alinhamento é a fonte do sucesso; é onde nasce o rio.

Agora, entendemos que há um número de características "necessárias" que a maioria dos gestores procura no processo de contratação. A integridade é uma delas, e é claro que você a quer na lista. É um simples requisito "serve/não serve", por mais atraente que o candidato seja em todos os outros aspectos. Também nessa categoria "necessária" estão os componentes muito popularizados da inteligência emocional: autorregulação, autoconsciência, motivação interna, empatia e habilidade social.

Ótimo, ótimo, ótimo. Mas, ao lado de todas essas qualidades admiráveis, você precisa — repito: precisa — contratar com base nas habilidades e comportamentos cuidadosamente identificados, "de vida ou morte", de que a empresa precisa para cumprir sua missão. Essa é nossa maior mensagem quando se trata de contratar, e é impossível exagerar nisso. Contrate com deliberação.

Lembra-se do Capítulo 4 sobre globalização, em que defendemos que hoje as pessoas que administram as operações no exterior precisam de uma característica básica para ter sucesso? Era o discernimento, que definimos como a combinação de experiência nos negócios, sensibilidade cultural e a boa e velha sabedoria para saber quando impor a vontade e os modos da empresa e quando não, por respeito aos costumes e hábitos locais.

Agora, imagine que sua empresa tem a expansão no exterior como parte da missão. O que você vai procurar nos contratados? Não é uma pergunta difícil; sim, a resposta é uma grande, imensa, dose de discernimento.

Em outro exemplo, falamos no Capítulo 1 sobre a virada do CEO Dave Calhoun na Nielsen, a empresa global de pesquisa de mercado. Dave explicou que a reinvenção da Nielsen foi possibilitada pela instalação de um quadro de pessoas quase todo novo, que adotou plenamente os três comportamentos que ele e sua diretoria consideravam necessários para transformar um conglomerado de mídia grande, lento e cheio de silos em uma empresa rápida e muito integrada do setor de medição da eterna mudança dos padrões de compra do consumidor. O primeiro comportamento para apoiar a missão era a cabeça aberta a novas ideias; o segundo era a forte propensão a dividir essas ideias através das fronteiras da empresa; o terceiro era a capacidade de simplificar os caprichos do *big data* para colegas e clientes.

Sem dúvida, Dave contratou pessoas com várias outras características enquanto reconstruía a Nielsen: franqueza, compaixão, energia etc. Mas garantimos que quase todo mundo tinha as três grandes características de que ele precisava. A Nielsen não teria dado tão certo sem isso.

A contratação bem-sucedida exige disciplina; é isso. Exige *conhecer* as habilidades e os comportamentos específicos de que sua empresa específica precisa para vender, *sondar* os candidatos para ver se os têm e *só* contratar esses. Aí é que está. Você ainda vai errar aqui e ali; contratar é assim. Mas aumente sua probabilidade com o rigor. A boa contratação exige o oposto da improvisação.

Toda declaração como a que acabamos de fazer é acompanhada por acréscimos e ressalvas importantes. Um tipo de pasta "xiii..." para levar com você no processo de contratação, por assim dizer. A nossa conteria as seguintes anotações:

- Não importam as três ou quatro habilidades ligadas à missão e aos comportamentos que você tenha em sua lista de verificação; inclua também o QI. No ambiente de negócios de hoje, o campo não é plano. Ele pende para a equipe com pessoas mais inteligentes.

- A personalidade é importante. Principalmente a má. Há uma ótima história sobre Bill Clinton; ele mesmo a conta, na verdade. Toda vez que faz um discurso, diz ele, pode haver dez mil pessoas aplaudindo, mas ele sempre se concentra no ranzinza solitário da multidão e dedica todos os minutos, até o final, a tentar fazer essa pessoa sorrir.

  Parece que as pessoas carrancudas, chatas, prepotentes, fingidas ou desagradáveis em geral sempre conseguem chamar a atenção, não é? No ambiente de trabalho, elas podem derrubar uma equipe inteira. É óbvio que, quando o candidato possui *exatamente* os talentos tecnológicos ofuscantes sem os quais você não poderia viver, pode-se fazer uma exceção. Mas, caramba, esse padrão tem que ser bem alto. Embora não se possa treinar alguém para perder a energia negativa, essa pessoa — sim, uma pessoa só — pode contaminar a empresa com ela.

- Determinados setores e, especificamente, os criativos, contêm um quociente mais alto do que o normal de... como dizer? Gente dramática. Sabe, as pessoas que amam o espetáculo, principalmente se estiverem no centro das atenções. Infelizmente, essas pessoas tendem a ser muito talentosas, senão não acabariam com tanta frequência como candidatos de sua pequena lista, com você pensando: "Hum, gosto bastante de Bob, mas ele parece muito... emocionado".

  O problema com o excesso de emotividade é que ela se expande para preencher o espaço disponível e gera lixo, como intrigas palacianas, fofocas e dilemas pessoais repetidos. As pessoas se casam e se divorciam. Compram casas. A maioria dos funcionários sabe lidar com esses fatos da vida com a quantidade adequada de compartilhamento. Os dramáticos não conseguem passar por eles sem público. Às vezes, seu talento vale o custo da baixa produtividade. Mas não com frequência.

- Em seguida, fique atento a qualquer pessoa que não perceba que é apenas uma pessoa. Estamos falando do excesso de autoconfiança. Não nos entenda mal. A autoconfiança saudável é necessária, pois é a fonte da resiliência. Mas, quando parece que a pessoa que você está entrevistando tem mais tendência a inchar do que a crescer, esse é um alerta de arrogância. Mantenha distância.

- Finalmente, nossa lista "xiii…" precisa incluir a pergunta: "Conferi as referências do candidato? Conferi *mesmo*?"
  Sim, é claro que entendemos que muitas verificações de referências são bobagem. Ou o candidato escolheu alguém que vai derramar elogios (por que não fariam isso?), ou você encontra um executivo que tira o dele da reta: "Não falamos de ex-funcionários".

Não desista. Dedique-se a encontrar alguém que realmente conheça o candidato. Então, escute o que é dito e o que *não é*. Se recebe comentários indiferentes ou poucos detalhes sobre realizações, não afaste o telefone da orelha, embora seja tentador. Combata também a vontade de desculpar seu candidato. ("Aquela empresa é um caos; eles não viram o valor de Kathy.") É preciso encarar as referências, principalmente as negativas. Se não fizer isso, dali a três meses, quando Kathy começar a titubear no emprego, a pessoa com quem você vai gritar "Eu avisei!" será você mesmo.

O LUGAR PARA FICAR

Vamos ver agora o funcionário que quer trabalhar em uma garagem. Ou em uma cobertura em São Francisco. Ou em seu maior concorrente. Em outras palavras, vamos falar de retenção.

Vários livros foram escritos sobre a retenção, mas não entendemos isso. A retenção é simplíssima. Uma questão de felicidade. Funcionários felizes se engajam no trabalho, são desafiados na medida certa, gostam dos colegas e clientes e se preocupam sinceramente com eles, são motivados a fazer o bem a ambos, são produtivos, colaboram, cooperam e prosperam.

– 118 –

Ficam e jogam.

Não é? Assim, só é preciso assegurar que os funcionários estejam se divertindo. Que estejam cheios de esperança no futuro, tanto da carreira quanto da empresa. Que se sintam realizados, desafiados e inspirados.

A felicidade deles é serviço seu.

Por favor, não pense demais nesse imperativo nem se esqueça de onde ele começa.

Com o dinheiro.

Veja, o dinheiro é importante para as pessoas; importantíssimo. É claro que é. Ninguém come prestígio. Ninguém manda os filhos para a universidade com lanchinhos gratuitos e sextas-feiras casuais. É por isso que, como gestor, não importa seu nível na empresa, é preciso pagar generosamente e com base no desempenho. É uma exigência básica para a motivação e a retenção — isto é, a felicidade —, e mesmo assim é espantoso quantos líderes se esquecem disso, principalmente quando vão subindo na hierarquia. Não faça isso. Embora possa ter sido há anos ou décadas, agarre-se àquela sensação que você teve no peito com o primeiro aumento, o primeiro bônus, a primeira opção de compra de ações. A empolgação. A sensação de possibilidade. A sensação de fazer parte. E agarre-se também ao dia em que você soube de um aumento ridículo, do bônus que achava que merecia, mas não recebeu, e de como esses eventos o fizeram se sentir desconectado.

Se você for um chefe novo, escute de novo o gene da generosidade que já descrevemos neste livro. Talvez você não tenha nascido com ele, mas nunca é tarde demais para reivindicá-lo como seu. Adore dar aumentos, mesmo que o seu não seja tanto quanto você queria ou esperava. Vá em frente mesmo assim e participe da felicidade de seu funcionário; afinal de contas, vocês estão na mesma equipe.

Por mais impactante que seja o dinheiro, ainda bem que ele não é a única ferramenta para aumentar o quociente de felicidade de seu pessoal.

Você também tem o "uau".

É, "uau". Com isso queremos dizer um *ambiente* divertido, empolgante, empoderador. Um ambiente onde as pessoas querem trabalhar.

Essa não é uma diretiva, aliás, só para seu chefe ou o chefe de seu chefe. O "uau" é responsabilidade de *todo* gestor — quer você comande uma equipe de três, quer um exército de três mil.

Tudo bem, como se faz?

O primeiro passo é entender que, mais cedo ou mais tarde, você perderá muitos de seus melhores funcionários para iniciativas empresariais, a menos que ofereça o mesmo que elas, além de um salário que mais pareça um prêmio de loteria: energia positiva, a empolgação do tipo "vamos ser gigantes", a oportunidade de falar e ser ouvido, a possibilidade de causar impacto real, liberdade da burocracia burra e emburrecedora e seus adeptos comuns, as camadas que criam ocupação sem sentido.

Isto é, você perderá seus melhores funcionários se não tiver uma cultura que seja voltada não a calar os outros, mas a libertar as pessoas. Uma cultura que ofereça responsabilidade imediata, diversão e uma remuneração financeira significativa por resultados descomunais. Uma cultura em que nenhum indivíduo se sinta uma engrenagem e todos entendam o significado de sua contribuição. Uma cultura onde as grandes ideias que não dão certo sejam admiradas pelo esforço, em vez de punidas. Uma cultura em que as pessoas possam ser promovidas por desempenho antes de trabalhar as horas exigidas em tarefas inexpressivas. Uma cultura em que as pessoas não tenham que se orientar em labirintos nem bater continência a generaizinhos para fazer qualquer coisa.

Em resumo, uma cultura que libere as pessoas para se sentirem e agirem como donos.

Sabemos que essas culturas vibrantes são difíceis de inculcar em grandes empresas à moda antiga, mas elas não são as únicas fortalezas. Vimos culturas emburrecedoras (ou bolsões delas) em empresas de praticamente todo tipo e tamanho. E entendemos que as empresas, principalmente as grandes, precisam de controles, em especial na economia de hoje, pós--Enron e pós-colapso do setor financeiro.

Você não pode permitir que os controles comprometam a criação de um lugar "uau". Em vez disso, use a verdade e a confiança para destravar as ideias das pessoas e descolar os processos. Use também a gestão por modelos. Quando alguém aumentar a diversão e a empolgação da equipe, cante louvores em voz alta. E quando alguém sugar o "uau", repreenda-o no mesmo volume.

No fim das contas, o que você quer como líder é criar uma equipe que seja como a casa daquele garoto que você conheceu na escola, a casa onde todos queriam ficar porque era lá que toda ação e diversão acontecia. Onde seus amigos sempre estavam. De onde você não queria sair e ir para casa jantar.

Você sabe o que queremos dizer. Crie um lugar onde as pessoas sejam felizes, e você também.

OS DOIS (NADA) TERRÍVEIS

Mesmo que já tenha desenvolvido uma cultura "uau", eis uma boa notícia: você sempre pode fazer mais para criar ótimas equipes. Pode se diferenciar e dar poder ao RH.

Dizemos isso, é claro, sabendo que a diferenciação pode levar algumas pessoas ao motim, e o RH costuma ser considerado sem graça.

Sem ofensa, mas os dois estão errados.

Diferenciação primeiro.

Rapidamente, a diferenciação é um sistema de avaliação de desempenho que é a personificação da liderança da verdade e da confiança. Pelo menos duas vezes por ano, cada funcionário se reúne com seu ou sua gerente, que põe em sua frente uma folha de papel, de preferência manuscrita, para ficar mais pessoal. Na coluna da esquerda, o gerente lista o que gosta no desempenho do funcionário e, à direita, em que o funcionário pode melhorar. Então, há uma conversa sobre a situação do funcionário, em termos do cumprimento das metas estratégicas ou financeiras e de como demonstra os comportamentos principais da empresa. No fim da conversa, o gerente se torna muito específico. "Joe", diz ele, "você é um superastro. Está nos 20% superiores da equipe. Seu futuro aqui é brilhante, e vamos lhe dar um aumento de salário acima da média para refletir sua contribuição e como esperamos que seu desempenho seja. Obrigado." Ou pode dizer: "Joe, você está indo bem, mas há algumas áreas em que você realmente precisa melhorar, e estamos dispostos a ajudar. Você está na valiosa média de 70% da equipe, e seu aumento vai refletir essa realidade." Ou ele diz algo como "Joe, a situação não está boa. Como conversamos, você vem descumprindo as metas há seis meses e não dá ideias, um de nossos comportamentos mais valorizados. Você está nos 10% inferiores, e não vai receber aumento daqui para a frente. Posso ajudá-lo a pensar em como encontrar um emprego mais adequado no ano que vem."

Agora, os críticos da diferenciação, e eles são raivosos, lhe dão outro nome, "classificar e cortar", reclamam que é "cruel" demitir os que têm pior desempenho e, ainda por cima, subjetivo. Nossa resposta: é mesmo? É mesmo? Diríamos que, na verdade, a diferenciação empodera. Ela permite que os funcionários saiam das trevas da incerteza, comuníssimas em empresas com administração preguiçosa, e assumam o controle do futuro.

É terrível, mas essa transparência e esse empoderamento são raros. Nesses mais de dez anos, tivemos centenas de oportunidades de perguntar

– 121 –

ao público: "Quantos sabem o que o gerente pensa de seu desempenho?". Em um dia bom, 20% do público levanta a mão. Em um dia comum, fica mais perto de 5%. Desmotivador, não??

Outra crítica da diferenciação é ser o anátema do trabalho em equipe. Com poucas vagas nos 20% superiores, diz o argumento, todos tentarão se destruir entre si para abrir espaço. Só que não é assim que acontece. Recorde que a diferenciação se baseia no desempenho do funcionário em números *e* comportamentos. O gerente só precisa identificar que o trabalho em equipe é um comportamento valorizado e recompensado. Não se pode estar nos 20% superiores caso isso não seja demonstrado. Não se pode nem estar nos 70% intermediários. Então, adivinhe o que acontece? Isso mesmo. Trabalho em equipe incentivado.

Mas esqueça os críticos um instante. É difícil saber quantos são, na verdade, pois o rancor pode ser maior do que seu número. Vamos voltar ao mais importante da diferenciação, que é como ela produz "uau" ao criar uma meritocracia.

As pessoas boas se sentem atraídas pela meritocracia. Esse é um fato da vida. As pessoas inteligentes e talentosas conhecem seu valor, querem vencer e gostam de ficar perto de quem tem esses mesmos sentimentos. Anseiam por trabalhar onde seu valor seja reconhecido na alma e no bolso. Por exemplo, ninguém com desempenho estelar quer trabalhar onde vá ganhar o mesmo que algum idiota desfavorecido na mesa ao lado, que só se arrasta. Parece injusto porque é injusto. É absolutamente irritante.

Agora, percebemos que a diferenciação não é perfeita. Nenhum sistema de avaliação de desempenho é. Mas, em nossa experiência, a diferenciação é o melhor que há. Sua clareza é libertadora. Ela provoca empolgação e oportunidade. E, para as pessoas boas, é uma razão para sorrir. E ficar.

UM NOVO CONCEITO DE RH

Em 2013, uma reportagem do *New York Times* disse que boa parte das empresas do Vale do Silício não tem departamento de RH, considerado "inimigo da rapidez e da eficiência". Infelizmente, o Vale do Silício, com algumas exceções notáveis de alto nível, não é o único com esse clima anti-RH. Mas estamos aqui para lhe jurar que o RH não é opcional, em nenhum setor. E todo CEO e equipe de diretores precisa aceitar essa realidade. Sem um bom RH, o desenvolvimento do pessoal tende a escoar por entre os dedos, e isso é perigoso. O desenvolvimento do pessoal faz parte da felicidade do pessoal.

Não sejamos levianos nesse aspecto. Entendemos por que o RH tem má fama. Tem má fama porque a maioria das empresas junta o RH administrativo com o RH real.

Isso tem que acabar.

Com "administrativo", você sabe o que queremos dizer. A parte do RH que põe os funcionários na folha de pagamento, manda fazer o crachá da segurança, calcula os benefícios. Em um mundo perfeito, em nosso ponto de vista, essa parte do RH não faria parte do RH; seria subordinada ou assumida pelo departamento financeiro. Esse arranjo liberaria o verdadeiro RH para fazer o que foi criado para fazer.

Nesse conceito, o RH se reporta diretamente ao líder e se compõe de uma mistura saudável de profissionais experientes da área e gerentes especializados, voltados a pessoas, vindos de todas as áreas funcionais. Um ex-gerente de fábrica com experiência própria no trabalho dos operários seria um ótimo componente da equipe de RH, por exemplo, assim como um indivíduo com anos de experiência no comando da unidade distrital de vendas da empresa.

A questão é que o RH tem que ser formado por gente com credibilidade. Em vez de obstáculos, são parceiros bem-vindos de seus gerentes e colegas da linha de frente e usam sua capacidade e suas ideias para questionar a administração, encontrar pessoas com excelente desempenho nos 20% superiores e promissoras nos 70% intermediários e projetar oportunidades de treinamento e missões desafiadoras para mantê-las engajadas e em crescimento. Também trabalham com os 10% inferiores: facilitam sua transição para outro emprego e, ao mesmo tempo, garantem que o banco de reservas esteja sempre cheio, para que qualquer cargo importante possa ser ocupado por alguém de dentro da empresa, de forma rápida e bem-sucedida. Em resumo, o RH não tem nada a ver com administração. Ele trata de pessoas, pura e simplesmente — encontrar, treinar, motivar e reter os grandes talentos.

Isso parece opcional?

Para nós, é o fundamento de uma empresa onde a criação de equipes é prioridade máxima e onde as pessoas se sentem empolgadas em contribuir e comprometidas em ficar porque sua carreira é importante para alguém além delas.

É claro que percebemos que o tipo de RH que descrevemos parece território só do CEO, e muitas vezes é. Mas, se você administra uma empresa pequena, uma divisão de empresa grande ou, digamos, se está abrindo uma nova empresa, todas essas situações podem ser uma oportunidade para pôr uma pessoa do RH em sua equipe. Se isso acontecer, aproveite. Pegue um indivíduo de vendas ou da produção que já tenha demonstrado aptidão com pessoas, alguém que tenha aquela credibilidade que acabamos de mencionar, e torne-o o líder de RH, cujo único serviço seja criar uma ótima equipe. Você não vai acreditar no impacto.

Impacto também no ponto necessário: o modo como seu pessoal se sente a respeito do trabalho, da carreira e da própria empresa. Não importa qual seja seu nível de gerência; o crescimento, o desenvolvimento e, voltamos a dizer, a felicidade do pessoal dependem de você. Que o RH o ajude a levar esse peso.

Nada de bom acontece nos negócios se você estiver sozinho em campo. Como já dissemos, esse é o verdadeiro esporte em equipe.

É por isso que você precisa dos jogadores certos a seu lado. Primeiro, contratando com base em habilidades e comportamentos, com disciplina, rigor e uma lista de verificação cuidadosamente selecionada e voltada para a missão. Contratar já é bastante difícil; improvisar só dificulta ainda mais.

Assim que obtiver as pessoas certas, você precisa criar um ambiente que as motive e as mantenha. Isso acontece quando você trabalha com diligência para livrar sua cultura da burocracia e da politicagem e imbui-la com o tipo de inovação e oportunidade que libera as pessoas para se preocuparem e contribuírem como se fossem as donas.

Também acontece quando você usa a diferenciação para remover a incerteza sobre o desempenho e dar, tanto a funcionários quanto a gerentes, o poder de controlar seus destinos. Meritocracia é o máximo.

Por fim, acontece quando você libera o RH das minúcias administrativas para fazer seu verdadeiro serviço: identificar talentos, construir carreiras e ajudar a forjar o tipo de equipe que muda vidas e empresas.

Junte essas práticas e prepare-se para o uau.

10

GÊNIOS, VAGABUNDOS E LADRÕES

LEMBRA-SE DE 1971? Provavelmente, não, para muitos que leem este livro, e, francamente, nós mesmos não nos lembramos com muita precisão. Richard Nixon era presidente dos Estados Unidos. A China era uma fortaleza fechada; o Japão começava seu ataque ao setor americano de eletrônicos de consumo. A gasolina custava quarenta centavos de dólar o galão, e os computadores eram do tamanho de casas.

Também foi nesse ano que Cher dominou as paradas de sucesso com "Gypsies, Tramps, and Thieves" ("Romani, vagabundos e ladrões"), de onde tiramos o título deste capítulo. Cher, de modo acidental, um dos produtos mais duradouros de 1971, cantava sobre um bando nômade de excluídos. Neste capítulo, escrevemos sobre um grupo bem diferente de excluídos, na verdade três grupos, unidos por uma coisa só.

Eles são bem difíceis de controlar.

Primeiro, não romani, mas "gênios", aqueles indivíduos cujo trabalho você não entende ou não conseguiria fazer. Em geral, esses funcionários residem em uma estratosfera de complexidade técnica; pense em programadores, especialistas em análise, engenheiros ou qualquer funcionário cujo cérebro seja uma caixa-preta para você. Antes, esses funcionários eram raríssimos. Quando chegava a chefe, você já tinha cumprido a maior parte das funções pelo caminho até o alto ou se expusera bastante a elas para entender seus fundamentos. Hoje, você pode subir pelo marketing ou pelas finanças — pode ser formado em inglês na universidade, como em um de nossos exemplos — e comandar fileiras de técnicos cuja produção pode erguer ou derrubar a empresa.

Em seguida, os "vagabundos", os indivíduos que trabalham principalmente em casa ou são autônomos e trabalhadores contratados. Sejamos claros: não queremos desrespeitar ninguém com a palavra "vagabundos"; ela só pretende conotar a natureza peripatética e sem amarras desse grupo. Estão na equipe e, com frequência, dão contribuições importantes; só não estão *lá* de verdade, ficam fora das vistas e, com muita facilidade, fora da mente.

Finalmente, os "ladrões". Em outro ponto de *O MBA da vida real*, falamos de funcionários que cometem crimes, e esperamos que nossa conclusão tenha sido inconfundível. Esses indivíduos devem ter tratamento rápido, severo e público. Não faz sentido para nós castigar o mau comportamento em sigilo.

Aqui, no entanto, não estamos tratando desse tipo de ladrão. Tratamos de algo muito mais comum: funcionários que roubam seu tempo e sua energia, pessoas de desempenho fraco e criadores inveterados de conflitos. É provável que você não se surpreenda ao saber que somos bem rigorosos com esses drenos de produtividade, mas ficaria surpreso ao saber qual, para nós, é o "ladrão" mais perigoso a atacar qualquer empresa. Não é um tipo de funcionário, na verdade. É um sentimento: o medo. Medo de perder o emprego, medo de colapso do setor, medo do declínio econômico. Se você é líder, parte de seu serviço é reconhecer que boa parte de seu pessoal convive com a preocupação como companheira constante. E seu dever é encará-la de frente.

ABRIR A CAIXA PRETA

Joey Levin recorda seu primeiro dia como CEO da Mindspark, uma desenvolvedora de software que cria, vende e fornece dúzias de programas de computador para o consumidor, como Television Fanatic, Translation Buddy e Coupon Alert. O ano era 2009 e, até então, Joey passara a carreira em fusões e aquisições, primeiro no Credit Suisse, depois na empresa de mídia InterActiveCorp (IAC), dona da Mindspark. E lá estava ele, o novo líder de uma empresa de software com várias centenas de engenheiros.

"Nunca esquecerei a cara do diretor de tecnologia quando nos conhecemos; digamos que era muito cética", recorda Joey. "Ele sabia mais de tecnologia do que eu jamais saberia na vida inteira, e ambos tínhamos consciência disso."

Eles apertaram as mãos.

— Tenho muito a aprender com você, e mal posso esperar — disse Joey, para começar a conversa.

— *Você* quer aprender *comigo*? — perguntou o diretor ao novo chefe, incrédulo.

— Isso mesmo, porque não entendo o que você faz e quero entender.

Naquele momento, recorda Joey, tudo mudou. "Eu me lembro da cara dele passando de cética para aliviada e muito aberta", diz. "Foi um momento de percepção de que conseguiríamos trabalhar juntos, o que realmente aconteceu."

Hoje, Joey administra uma divisão de 1,6 bilhão de dólares, que inclui várias empresas da IAC (inclusive a Mindspark), mas sua parceria inicial com o diretor de tecnologia da Mindspark ainda é um exemplo excelente de como gerenciar "gênios" para que todos saiam ganhando.

É a verdade e a confiança, outra vez.

A parte da verdade começa com a compreensão de ambos os lados de que não pode haver nem haverá mistério sobre o trabalho. Isso significa que se espera que os gestores perguntem, perguntem e perguntem sobre o trabalho até entendê-lo em certo nível e que os "gênios" respondam, respondam e respondam até esse momento, e não de má vontade, mas com entusiasmo.

Às vezes, esse tipo de busca da verdade obriga a separar o trabalho em partes pequenas e compreensíveis que o componham. Joey Levin cita o exemplo de uma aquisição em que trabalhou antes da Mindspark, em que o diretor de tecnologia informou à diretoria que a empresa precisava urgentemente de um novo centro de dados. Custo: cem milhões de dólares.

O pedido foi inesperado, para dizer o mínimo.

Assim, a equipe de gestão começou a se aprofundar e a examinar a proposta com o diretor de tecnologia, pouco a pouco. "Por que", perguntaram, "precisamos ser donos do prédio?", "Por que o prédio precisa se localizar onde você disse?", "Que tipo de equipamento haverá no prédio?", "Que impacto cada equipamento terá sobre o resultado estratégico que desejamos?".

Essa última pergunta, que liga o trabalho ao resultado estratégico, é importantíssima na busca da verdade. Afinal de contas, os "gênios" da TI podem ser exatamente iguais a todos os outros tipos de especialistas funcionais. Querem todos os extras que conseguirem para seus projetos especiais. A diferença é que, quando as outras funções pedem dinheiro, em geral é mais fácil entender sobre o que estão falando.

Para resumir, o exercício de busca da verdade da aquisição resultou em um investimento de vinte milhões de dólares em TI, não cem, e a empresa não ficou em uma situação pior. Na verdade, diz Joey, a solução menor acabou sendo mais flexível e produtiva.

E a parte da confiança para gerenciar os gênios? Ela vem com a demonstração de respeito, como Joey Levin aprendeu em seu primeiro dia na Mindspark. Também vem de ter especialistas muito cerebrais que, por acaso, também têm os valores certos.

"O melhor pessoal de tecnologia é bilíngue", explica Joey. Falam "tecnologês" fluente; eles entendem disso. Mas também falam "negociês" fluente. Adotam a missão e os valores da empresa. Entendem quais atividades promovem custos e receitas. Preocupam-se com a concorrência. Sentem-se fortes proprietários dos números.

Tudo bem que sua principal pessoa de produto seja um gênio da tecnologia, acrescenta Joey, o tipo de visionário que flutua acima das questões práticas dos lucros, perdas e assemelhados. Mas o chefe dessa pessoa? Não. Os gestores tecnológicos têm que se preocupar com prazos, resultados e linhas de produção. Precisam ser práticos e analíticos.

"O melhor diretor de tecnologia é quem quer ser CEO um dia", observa Joey. "Não vem à mesa negociar e enfeitar os números para vocês chegarem a um meio termo. Vocês estão no mesmo time."

Outro exemplo incrível de gestão de funcionários tipo "caixa preta" vem de um homem que chamaremos de Roger, o formado em inglês na Universidade Duke que já citamos. Roger tem 34 anos, administra uma empresa de projeto e instalação de audiovisual de alta tecnologia em Atlanta, nos EUA, e comanda 45 pessoas que sabem disponibilizar instantaneamente música, TV e internet em projetos complexos de construção comercial. A maior parte dos funcionários tem diplomas avançados em engenharia de som e tecnologia musical.

"Não faço ideia do que eles sabem", admite Roger prontamente.

Como Joey Levin, isso não impediu Roger de tentar descobrir. "Faço muitas perguntas", diz Roger. "Quero lhes mostrar que desejo aprender com eles e que seu trabalho me interessa muito, porque interessa mesmo."

Mas Roger considera a obtenção de conhecimento técnico uma parte pequena de seu serviço. A parte maior, a mais importante, é criar uma equipe unificada em torno da principal meta estratégica da empresa. "A coisa número um que mais me importa, e que precisa importar à equipe, é criar uma ótima experiência do cliente", diz ele. "Em alguns casos, quando vêm a nós, as pessoas acabaram de ter uma experiência desastrosa com outro fornecedor ou com algum de nossos sistemas mais antigos. Em outros casos, estamos solidificando uma boa relação. Seja como for, a questão é nos conectarmos melhor com os clientes."

Para isso, Roger é praticamente um exemplo típico das práticas de criação de equipe de que falamos neste livro. Ele se põe no lugar dos outros, interessa-se com paixão por sua vida e interesses. Ele se esforça para entender o trabalho de todos.

"Todo dia, tento lhes passar o panorama geral, explicar por que a empresa faz o que faz e por que adotar a mudança será ótimo para eles e para os clientes", diz Roger. "Meu trabalho é manter a equipe motivada e inspirada. Eu me vejo como gerente de pessoas que amam isso aqui."

Sim, parte desse papel é compreender o trabalho. Mas também é entender o *trabalhador*.

"Acho que minha equipe consegue ver que me preocupo sinceramente com eles como pessoas", diz Roger. "Assim, eles sentem que tudo o que digo sobre o trabalho vem de um lugar de confiança. E isso nos ajuda a fazer muita coisa juntos."

No fim das contas, gerenciar gênios não é muito diferente de gerenciar meros mortais. Não deixe suas habilidades exclusivas atrapalharem o relacionamento autêntico, baseado em verdade e confiança. Afinal de contas, os gênios também são gente.

MANTER-SE CONECTADO (AO MÁXIMO)

A estimativa no momento em que escrevemos esse livro do número de norte-americanos que trabalham em casa é de 1 em 5, mas com certeza você acharia que eram mais do que isso em 2013, quando Marissa Mayer, CEO do Yahoo, proibiu a prática na empresa. "Para nos tornarmos o melhor lugar absoluto para trabalhar, a comunicação e a colaboração serão importantes, e assim precisamos trabalhar lado a lado", explicou ela na época. "Por isso, é fundamental que estejamos todos presentes no escritório."

Bem, bem, bem. Foi como se Marissa tivesse insultado cachorrinhos e arco-íris, tamanha foi a ofensa. Sim, alguns a apoiaram; estávamos entre eles. Em nossa experiência, não se pode liderar uma reviravolta sem o pessoal na sala. Em geral, as reações ao decreto do Yahoo, na empresa e fora dela, foram na linha de "Não sei trabalhar de outra maneira" e "Não se pode voltar no tempo. Esse é o futuro do trabalho".

Não vamos usar este espaço para defender o modelo de trabalho "todo mundo das 9h às 17h". Os funcionários virtuais vieram para ficar. Na verdade, a mesma pesquisa que calculou o número de 1 em 5 norte-americanos trabalhando em casa também previu que esse número aumentaria 60% nos próximos cinco anos. (O estudo foi realizado pela Telework Research Network e citado pela revista *Forbes*.) Também se observou tendência semelhante nos autônomos e funcionários sob contrato, que tendem a trabalhar remotamente e, em muitos casos, têm vários outros clientes; essa corte cresceu de dez milhões em 2005 para 42 milhões em 2013.

Assim, o que os gerentes devem fazer para manter no jogo o pessoal mais distante?

A resposta: aproveite todas as ferramentas que tiver para maximizar a socialização, que definimos como aquelas interações que asseguram que a cultura e o espírito da empresa, seus valores e comportamentos, sejam demonstrados e transferidos. A socialização também não pode ocorrer ao acaso. Tem que ser uma prioridade *real*, capacitada pela tecnologia e executada com intensidade incessante.

Como potente exemplo, podemos nos basear em nossa experiência com o Jack Welch Management Institute, da Strayer University. Nosso programa de MBA, que fundamos em 2010 e hoje ajudamos a comandar, é completamente online. Esse formato acomoda com perfeição nossos novecentos alunos do mundo inteiro, todos eles profissionais na ativa que não têm tempo para viajar para um campus nem flexibilidade para fazer aulas presenciais síncronas. Na verdade, nossa escola é tão virtual que a única ocasião em que os alunos se reúnem fisicamente no decorrer de dois anos é na formatura.

Embora tenhamos uma equipe de trinta profissionais para administrar as operações do JWMI na sede da Strayer University em Herndon, no estado norte-americano da Virgínia, nosso corpo docente é quase tão espalhado quanto os alunos. Quarenta professores, todos com doutorado e muitos com MBA, dão suas aulas em toda a América do Norte. Alguns cumprem horário integral e só trabalham na JWMI; outros trabalham em meio expediente e têm outro emprego como assessores e líderes de negócios. São responsáveis por dar aulas sobre o material do curso, participar ativamente das discussões da turma, dar nota a artigos e projetos e, em geral, garantir que os alunos contribuam para as aulas e as aproveitem o máximo possível para que o JWMI possa cumprir sua missão: "Aprenda hoje. Aplique amanhã".

O desafio de administrar os educadores dispersos do JWMI cabe principalmente ao dr. Michael Zeliff, vice-reitor do instituto. Mike fez carreira acadêmica e nos negócios e aproveitou as duas experiências para criar uma série de práticas melhores para aprimorar a socialização.

A primeira é um processo semelhante à gestão de relacionamento com o cliente (CRM, *customer relationship management*), e tira a aleatoriedade da comunicação entre Mike e cada membro do corpo docente. Não vamos entrar em detalhes aqui, porque são muitos. Basta dizer que o processo sistematiza as ligações diárias, os e-mails, as sessões do Skype etc., para que nenhum professor passe a semana sem contato pessoal com Mike. Às vezes, esse contato é longo, como uma visita à terra natal do professor ou uma hora de conversa telefônica, por exemplo; em outras, são quinze minutos de troca de ideias. Mas, toda semana, todos os educadores em campo têm uma experiência de socialização de alto contato com Mike. Uma vez por mês, o corpo docente de cada departamento tem um encontro marcado pela internet para discutir entre si o desenvolvimento do currículo. Essa sessão, facilitada por Mike, pode durar horas. Mais uma vez, socialização em ação.

É óbvio que a comunicação de Mike com o corpo docente não se limita aos contatos programados. Como seria de esperar, os e-mails vão e vêm o dia todo e, quando necessário, videoconferências ou reuniões pela internet são rapidamente organizadas. Mas nossa questão é que a socialização não pode se resumir a essas interações ocasionais. Elas não bastam. A socialização exige intencionalidade.

Uma segunda técnica que Mike usa para administrar o corpo docente do JWMI é um painel de métricas que lhe dá uma torrente constante de dados sobre o desempenho dos professores em sala de aula: com que frequência comentam as observações dos alunos, quanto tempo levam para dar nota às tarefas, quanto tempo ficam logados nas salas de aula online etc. Esses dados são sempre calculados como proporções, para que Mike possa avaliar o desempenho dos professores. Por exemplo, o painel pode mostrar que um professor de marketing está no décimo percentil superior na frequência de comentários ao trabalho dos alunos. Mas também pode mostrar que os comentários do professor estão nos 15% inferiores em termos de extensão. Esses dados permitem que Mike tenha conversas de socialização mais significativas com a equipe, quer façam parte do processo de gestão do relacionamento com os clientes, quer sejam mais espontâneas.

Uma prática final que Mike usa para gerenciar o corpo docente virtual do JWMI é pouco tradicional no meio acadêmico, mas a consideramos catalítica. Todo semestre, os alunos do JWMI dão nota aos professores antes de receberem sua nota. Os professores que dão vida ao material e que interagem frequentemente são recompensados na alma e no bolso. Os que têm desempenho mediano são treinados e os que têm mau desempenho ficam em liberdade condicional. Como vimos, essa aplicação da diferenciação é uma forma poderosíssima de reforçar os comportamentos certos. Como grande benefício extra, esse sistema de classificação do corpo docente incentiva os professores a se socializarem entre si. Acontece que todos querem falar com o professor que tem a nota mais alta em engajamento dos alunos ou com o professor que recebe nota alta em "uso de mídias visuais". Como explica Mike, "em minha carreira, conheci muitos professores que se viam todo dia e nunca trocavam ideias. Queriam fazer tudo de seu jeito. O engraçado é que, ao administrar um corpo docente virtual, descobrimos que podemos ter professores do mundo inteiro, que querem criar uma equipe que vive trocando ideias."

Adoramos o que acontece no JWMI, mas em toda parte há ótimos exemplos de técnicas de socialização. Sue Jacobson é CEO da Jacobson Strategic Communications, empresa próspera de Filadélfia com um único funcionário em tempo integral, a própria Sue, e uma equipe de cerca de 42 trabalhadores autônomos, com especialidades como falar com a imprensa até gestão de crises. Sue consegue os membros de sua equipe, principalmente, nas filas das mães que trabalhavam fora e trocaram os empregos corporativos pela flexibilidade de serem autônomas.

Embora o modelo de negócios de Sue funcione bem para os clientes e para o balanço da empresa, anos atrás ela percebeu que pouco fazia para dar às suas *freelancers* a noção de comunidade de que muitas sentiam falta por trabalhar em casa, ou para aprimorar o tipo de aprendizado importantíssimo para crescerem. Em resposta, ela instituiu as reuniões da "rodada-relâmpago" das manhãs de terça-feira, nas quais cada profissional contratada tem cinco minutos para falar de seu projeto.

"Não são reuniões para se exibir", diz Sue. "Não deixamos que isso aconteça. São para compartilhar, dar ideias e ajudar umas às outras."

Também são uma das melhores partes do emprego para a maioria das funcionárias de Sue. Elas adoram a camaradagem e os conselhos que recebem com frequência, tanto que Sue acha que as rodadas-relâmpago são uma das principais razões para a equipe ter se mantido tão estável. Como todos sabemos, os autônomos vêm e vão, atrás do trabalho e do dinheiro. Em cinco anos, Sue só perdeu seis.

Mais uma vez, a razão é a socialização.

Socialização: quando se trata de gerenciar "vagabundos", essa é a palavra que deveria soar em sua cabeça. Use a tecnologia em toda a sua glória para se manter conectado e torne isso intencional. Longe dos olhos nunca deveria ser longe da cabeça.

AQUELE MOSQUITO ZUMBINDO NO SEU OUVIDO

Alguns funcionários literalmente roubam as empresas, mas, como dissemos, são raros e, como também notamos, administrá-los é simples. Um grande e barulhento pontapé público porta afora.

Por outro lado, os funcionários que roubam tempo e energia são muito mais típicos, mas por alguma razão — culpa, talvez? — estão entre os mais difíceis de lidar.

Vamos começar com os que têm baixo desempenho, aqueles membros da equipe cujo trabalho os deixa constantemente nos 10% inferiores. Por definição, a diferenciação lhe dirá que os gerentes deveriam gastar pouquíssimo tempo e energia com esses indivíduos, a não ser para facilitar sua transição para outro emprego; afinal de contas, o gerente deveria dedicar uma parte imensa de seu esforço a abraçar, apoiar e incentivar os astros da empresa, os 20% superiores, e orientar e treinar os valiosos 70% intermediários.

Por que nunca é assim? Em vez disso, a maioria dos gerentes se mantém em incontáveis reuniões que sugam a produtividade e em conversas particulares sobre pessoas com mau desempenho. "Rick não terminou a planilha outra vez, e Sally teve que virar a noite para podermos mostrá-la aos clientes. O que fazer?", "Claire estourou outro prazo, mas não quero cobrar, porque ela disse que estava com enxaqueca", "Ralph está derrubando o moral de todos com aquelas piadas constantes sobre falência. Como fazê-lo parar?". E não são só as conversas. O maior dreno de energia dos ladrões costuma ser o esforço necessário para afastar suas ressalvas e desculpas e convencê-los a fazer o trabalho.

Se nos afastarmos de quase todas as situações com funcionários de baixo desempenho, fica fácil ver a solução. Eles precisam ir embora, antes cedo do que tarde. De perto, contudo, as empresas tendem a retardar as demissões, porque todos se preocupam com a reação emocional do funcionário ao ser mandado embora. Muitas vezes, os gerentes se sentem culpados por tirar o emprego de um amigo ou com remorsos por não ter dado suficiente feedback honesto durante o caminho, ou ambos.

Assim, adiam e procrastinam. Conversam com o RH. Perdem o sono à noite. Temos um amigo que é CEO de uma incorporadora familiar com cerca de trezentos funcionários. Ele nos contou que passou um verão inteiro juntando coragem para demitir um homem que chamaremos de Harry, que trabalhava na empresa havia quarenta anos e se abrigava como chefe de projetos especiais. Muitos consideravam esse indivíduo a "alma" da empresa; estava lá há muito tempo e gostava de regalar os colegas com histórias heroicas dos primeiros dias, quando eram só ele e o pai do CEO trabalhando em um apartamento no subsolo. Mas o CEO e a diretoria sabiam que o homem não fazia o serviço direito havia mais de uma década.

"Nem sei quantas reuniões tivemos na sala da diretoria para conversar sobre Harry", nos contou esse amigo. "Temíamos o que lhe aconteceria quando lhe contássemos. Temíamos a reação da empresa. Falávamos, falávamos, falávamos e ninguém conseguia enfrentar o que tínhamos de fazer. Estávamos paralisados."

Finalmente, depois de passar o verão adiando, o CEO chamou Harry e lhe pediu que se aposentasse no Natal. Haveria uma grande festa e uma grande indenização. A porta estaria sempre aberta.

Para surpresa do CEO, Harry não se surpreendeu. Ficou agradecido pala saída elegante. Ainda mais surpreendente para o CEO foi a reação da empresa. Júbilo total. Sim, as pessoas gostavam de Harry. Apreciavam sua contribuição à história da empresa. Mas todos tinham feito as contas. Sua partida estava muito atrasada.

"Não consigo acreditar que fiquei tão angustiado e sobrecarregado com a situação de Harry", disse nosso amigo. "Assim que ele saiu, foi como se, de repente, eu tivesse muito tempo livre para prestar atenção à empresa. Gostaria de ter feito isso cinco anos antes."

Esse é nosso conselho também, se essa história lhe soar vagamente conhecida. O recurso mais valioso que você tem como gerente é sua atenção. Invista nas melhores pessoas e nas que têm potencial de entrar nessa categoria.

A mesma recomendação serve para os criadores inveterados de conflitos. Você conhece o tipo. As pessoas que consideram parte de seu serviço — ou de sua persona — discordar praticamente de tudo e todos. Às vezes, esses indivíduos são muito úteis. Eles questionam o status quo; atrapalham o pensamento de massa. Muitas vezes, também têm desempenho muito bom. Na verdade, veem seu resultado como escudo. Você não pode me mandar embora. Sou valioso demais.

Novamente, esses funcionários tendem a furtar tempo e energia, e não só dos gerentes, mas de todos, pois as reuniões acabam em discussões sobre as objeções ou opiniões dessas pessoas. Como gerente, você não pode deixar que isso aconteça. Um pouco de conflito é bom, mas a oposição tem que vir de todos os membros da equipe. Quando só vem de uma pessoa, a ponto de causar transtorno, está na hora de dizer adeus. Manter na equipe um criador inveterado de conflitos não lhe fará nenhum bem, gerente equilibrado. Só transformará você em vítima de roubo.

O PARALISADOR

Finalmente, vamos falar de algo que, em geral, as pessoas nos negócios detestam admitir: medo.

Estão no passado os dias em que as pessoas achavam que o emprego era garantido pelo resto da vida e que suas empresas e setores estariam seguros no futuro. Todos vimos pessoas, até as talentosas, desempregadas. Todos vimos empresas falirem em questão de meses e setores inteiros desmoronarem.

No admirável mundo novo da competição global e da estagnação econômica, o medo sempre estará conosco.

Faz parte do serviço do líder administrar essa realidade. Falar sobre o que seus funcionários realmente precisam temer e o que são só boatos e conjeturas. Caso contrário, podemos lhe garantir que a imaginação vai levá-los a um lugar onde pouquíssimo trabalho produtivo será feito.

Conhecemos um gerente regional do varejo, que chamaremos de James. Durante seis anos, James viu sua carreira decolar enquanto ajudava sua equipe a aumentar as vendas em quase 10% ao ano. Mas então a chefe de James, a gerente geral, foi atraída por um concorrente online que crescia rapidamente. Seu primeiro passo: ligar para James e lhe pedir que entrasse na equipe dela.

"Ela foi direto na jugular", recorda James. "Disse que íamos falir em questão de meses, com base no que ouvira de seus chefes antes de sair. Disse que tinha sido por isso que saíra. Ela desconfiava que o setor inteiro estava com problemas, porque tínhamos principalmente lojas físicas, e cada vez mais nossos clientes compravam pela internet, e estávamos com dificuldade para manter nossa presença."

Durante dias, James mal conseguiu trabalhar. A empresa estava mesmo perto do colapso? Se estivesse, por que o CEO não falava sobre isso? Ele sabia que o setor estava em uma calmaria, mas tudo o que tinha lido o convenceu de que voltaria ao normal.

James começou a conversar com os colegas sobre sua preocupação. Foi uma reação natural, mas que começou a se espalhar como um contágio. Logo, toda vez que alguns funcionários se encontravam, o tema certamente surgia. A empresa estava com dificuldades? Haveria demissões?

O medo de James foi gerado por uma pessoa com uma pauta — sua antiga chefe que queria contratar —, mas o medo pode ser criado por várias fontes. Noticiários, analistas, concorrentes. Não importa. A reação da administração precisa ser a mesma.

Franqueza absoluta. Sobre o desempenho e a trajetória profissional de cada um, as condições financeiras e a possibilidade de crescimento da empresa e o melhor entendimento do futuro do setor.

O fato é que a ausência dessas informações não torna as pessoas mais concentradas em seu trabalho. A ignorância sobre o trabalho não é uma bênção. É um convite para chafurdar na preocupação, a atividade mais improdutiva que há.

Franklin Roosevelt tinha razão. A única coisa que precisamos temer é o próprio medo. Como líder, seu serviço é matar o medo, falando a verdade sem cessar, nos bons e nos maus momentos.

Não vamos concluir este capítulo falando de Cher outra vez, embora fiquemos contentes porque o título de sua música nos deu um arcabouço para falar sobre três grupos que operam de um jeito meio diferente dos outros.

Os gênios são um quadro de funcionários que cresce em número e importância. Depois, há os "vagabundos" virtualistas, que trabalham em casa ou na rua, às vezes em tempo integral, às vezes como autônomos, e cuja preponderância também cresce. Finalmente, há os ladrões de tempo, alguns óbvios (como quem tem mau desempenho), outros menos, como os criadores de conflito e incerteza.

Agora você tem um arsenal de táticas e técnicas para administrar as três categorias. Encha seus gênios de perguntas; escave cada vez mais. Ao mesmo tempo, mostre-lhes que você se importa; conheça-os como pessoas. Decomponha os projetos em partes pequenas para que fiquem compreensíveis. Com os funcionários remotos, seja deliberado na comunicação;

instale processos e tecnologia que maximizem a socialização. E combata os ladrões com coragem e franqueza.

Não surpreende que essas práticas resultem em verdade e confiança. Buscar (e dizer) incessantemente a primeira, construir incansavelmente a segunda. Em última análise, não faz nenhuma diferença o tipo de pessoa que você gerencia, não é? Gênio ou mediano, "vagabundo" virtual ou morador de cubículos, semeador ou absorvedor de medo, as pessoas precisam de um líder que saiba pegar os colegas de viagem e transformá-los em uma equipe.

A QUESTÃO É VOCÊ

11. O QUE DEVO FAZER COM MINHA VIDA? *141*

12. DESPRENDA-SE *153*

13. SÓ ACABA QUANDO TERMINA *166*

11

O QUE DEVO FAZER COM MINHA VIDA?

NOS ÚLTIMOS DEZ ou mais anos, escrevemos muitas colunas sobre negócios; com "muitas", queremos dizer mais de quinhentas. Os tópicos variaram dos perenes, como os princípios da liderança, a notícias recentes, como o contrato de Joe Torre com os New York Yankees. Algumas dessas colunas receberam concordância generalizada; outras provocaram tempestades de controvérsia. Mas poucas colunas nossas despertaram tanta emotividade quanto "Quatro razões para largar o emprego", que, em pouco tempo, gerou mais de 750 mil visualizações e quase mil comentários sinceros e comoventes.

Gente demais fica sentada à mesa pensando: "Que droga estou fazendo aqui?".

Mas, por confissão própria, a maioria fica onde está. Em alguns casos, a culpada é a inércia. Em outros, faltam oportunidades de carreira para as pessoas largarem situações infelizes no trabalho, ou elas enfrentam restrições na vida, ou ambos. Como disse alguém em um comentário: "Nestes anos de recessão [...] é preciso aguentar qualquer situação no local de trabalho".

Mas gente demais fica em maus empregos por não saber o que deveria fazer da vida. Só sabe que não é o que está fazendo no momento.

Parece familiar? Se parecer, continue lendo, porque a meta deste capítulo é ajudar você a mandar esse problema embora.

UM ENCONTRO COM O DESTINO

Alguns anos atrás, participamos de uma série online patrocinada pela Microsoft chamada *It's Everybody's Business* [É da conta de todos, em tradução livre]. Visitávamos uma empresa por episódio e ajudávamos a equipe administrativa a resolver um problema incômodo. Foi durante essa distração — muito divertida, aliás — que fomos parar na Hertz para orientar a empresa no lançamento de seu serviço de carros compartilhados por hora, na época chamado de Hertz Connect. (Hoje, se chama Hertz 24/7.)

Nesse período, conhecemos um executivo de 42 anos da empresa chamado Griff Long. Seria dificílimo não o notar. A energia de Griff era cinética. Meio como o Incrível Hulk, ele sempre parecia estar a ponto de explodir do terno. Logo soubemos que Griff, quando não estava insistindo com a diretoria que deveria comandar o novo empreendimento da Hertz, estava correndo, às vezes mais de trinta quilômetros por dia, e depois ia nadar e pedalar. Nos fins de semana, participava de triatlos ou treinava quem quisesse participar.

Enfim, Griff foi encarregado do Hertz Connect, mas não durou muito no cargo. Dizemos isso como uma ótima notícia, e Griff também. Porque ele saiu da Hertz para assumir um cargo na Equinox, a marca sofisticada de boa forma. Hoje, seus dias consistem em abrir novos locais para academias, se reunir com os gerentes e principais instrutores da Equinox e falar sobre incentivar mais gente a se exercitar com frequência.

Para trabalhar na Equinox, Griff teve que abandonar a preocupação com aumentos de salário e se mudar para um lugar a mais de dois mil quilômetros com a família. Mas, nas palavras dele: "Minha felicidade é imensa, e minha esposa e meus filhos também estão muito mais felizes. Nunca parece que estou trabalhando. Faço o que nasci para fazer. Meu único arrependimento é ter levado vinte anos para chegar aqui".

Todo mundo não conhece histórias como a de Griff? O médico que larga o emprego aos cinquenta anos para virar fotógrafo? O alto executivo corporativo que pula fora para administrar um museu ou ir para a universidade? A narrativa básica é sempre a mesma: anos ou décadas de "cativeiro" trocados pela chance de viver de forma autêntica, encimada por uma moral da história sobre fazer o que se ama.

É claro que essas histórias de reinvenção devem ser aplaudidas. Do mesmo modo, experimentar empregos (e até setores) diferentes por alguns anos até se acomodar em uma trajetória de carreira é normal e necessário. É uma exploração saudável.

O que nos dói é a longa demora de Griff em achar o carma da carreira. Vinte anos!

Isso é muito comum, mas não precisa ser, porque há um antídoto. É um processo de avaliação da carreira chamado *Area of Destiny* ou AOD [Área de Destino, em tradução livre].

Eis como funciona. Imagine sua vida como duas autoestradas. Por uma delas vão as coisas em que você é muito bom; pela outra, as coisas que realmente adora fazer. Agora, imagine que essas autoestradas se cruzam. Bem ali, no cruzamento das habilidades com a felicidade, é o ponto onde, idealmente, você deveria construir sua carreira.

Calma lá. Quem faz isso?

Bom, Griff Long fez, finalmente. Mas, como Griff, a maioria começa a carreira sem uma AOD como meta. Em vez disso, busca uma carreira com base no que era bom na escola, como o aluno nota dez em ciência política que se torna advogado ou o primeiro lugar em linguagens que vai para o setor editorial. Ou aceitam a sugestão dos pais, do tipo "Hoje em dia há muito emprego na tecnologia" ou "Você nunca vai ficar sem salário se for contador". Ou aceitam uma oferta prática porque, digamos, permitirá que morem com os pais um ano ou dois ou trabalhem na mesma cidade que o namorado.

Em conceito e prática, a AOD destrói esse tipo de desatino da carreira baseada no impulso. Vamos enfatizar aqui também a palavra "impulso". É uma razão muito comum para as coisas acontecerem na vida. Que faculdade fazemos. Onde vamos morar. E, sim, onde vamos trabalhar. A AOD interfere nisso; é um antídoto do impulso, um dos melhores que conhecemos. Ela nos força a pensar em quem somos e o que tornaria nossa vida cheia de significado, impacto e felicidade. Para citar Mark Twain: "Os dois dias mais importantes da vida são o dia em que você nasce e o dia em que você descobre por quê".

A AOD serve para apressar esse segundo dia.

Talvez por isso não seja fácil fazer a avaliação da AOD. É preciso escavar. É preciso lutar. É preciso ser violentamente franco sobre suas habilidades, capacidades e valores. Talvez você tenha até de vasculhar um pouco sua alma.

Pegue a primeira autoestrada — *as coisas em que você é muito bom.* Não as coisas em que você é bastante bom ou vai um pouco bem, certo? Para a maioria, essa lista seria razoavelmente longa. Sou bom em redigir apresentações, pensaria você. Sou bastante bom em matemática. Sou bom em finalizar coisas. Seja o que for. Hordas de pessoas neste mundo, graças à criação, formação e dons natos decentes, são, em geral, competentes.

Portanto, esqueça isso. O poder da AOD está na palavra "muito". Em que você é melhor do que a maioria? Na verdade, em que você é melhor do que *quase todo mundo*?

Quando a pergunta é essa, a resposta tem que se refinar. "Sou muito bom em transmitir conceitos científicos complicados em linguagem simples", você pode dizer. "Todo mundo sempre me elogiou por isso." Ou "sou incrível na matemática na hora de analisar o custo e a lucratividade de uma nova empresa". Ou "sou excelente em concluir as coisas como parte de uma equipe com prazos curtíssimos e ainda melhor quando ninguém gosta de ninguém, porque tenho um verdadeiro talento em criar consenso".

Nos últimos anos — começamos a usar a análise AOD por volta de 2010 —, ouvimos todo tipo de resposta detalhada a essa pergunta. Uma mulher, formada em estudos clássicos na faculdade, pensava com relutância na carreira acadêmica e se saiu com essa: "Sou incrível em fazer desconhecidos se sentirem bem-vindos. Sempre me disseram isso. E acho que é verdade". Agora, ela é muito feliz como administradora de um campus de estudo de uma universidade norte-americana na Grécia. Um *headhunter* de vinte e poucos anos (já em uma crise na carreira, provocada, em suas palavras, pelo "tédio insolúvel") disse: "Sou muito bom em me conectar com adolescentes realmente complicados. Eles se sentem atraídos por mim, e eu por eles. Eles precisam falar. Eu gosto de escutar". Ele largou o emprego na Madison Avenue para trabalhar em um programa educativo em regiões afastadas para alunos problemáticos do Ensino Médio.

Temos que ressaltar a importância de se dedicar a identificar o (ou os) talento, capacidade ou característica que realmente diferencia você da matilha. Reflita sobre as experiências de sua vida, na escola, nos acampamentos de verão, nas situações familiares, nos empregos. Quando você se destacou *muito*? Em que situações causou *mais* impacto? Foi como pacificador, negociador, ouvinte, persuasor, analista, inventor, crítico, facilitador, competidor? A lista de possibilidades é tão interminável quanto a capacidade humana de excelência.

Descobrir as "coisas" da segunda autoestrada é um pouco mais fácil. As pessoas tendem a saber, de forma bastante espontânea, o que adoram fazer, porque raramente é suficiente. Mas, para dar mais rigor ao processo, pense em sua agenda da semana, mês ou ano que vem. Que atividades você aguarda mais do que tudo? Qual delas lhe dá mais empolgação, expectativa e até alegria? Apresentar um novo plano de negócios à equipe? Sentar-se sozinho ou com um assessor próximo para pensar em uma decisão estratégica? Encontrar amigos para um jantar demorado? Ser voluntário em um programa de mentoria da empresa com as crianças de uma escola local? Viajar para lugares aonde nunca foi? Mais uma vez, a lista de possibilidades é longa, e você pode adorar um monte de coisas, mas, para fazer uma boa avaliação AOD, é preciso reduzir as opções. Que atividades, realizações e passatempos realmente deixam você animado?

Com as duas perguntas sobre "autoestradas" respondidas, só o que resta na AOD é descobrir quais setores, empresas ou linhas de trabalho existem na *interseção* de suas estradas. Às vezes é óbvio, outras vezes nem tanto, pela simples razão de que a vida, com todas as suas muitas restrições financeiras e pessoais, pode atrapalhar.

Para Griff Long, foi a primeira. Ali estava uma pessoa excelente nos esportes, que ajudava os outros a serem atléticos de maneira muito organizada e disciplinada. Ele também era uma pessoa que tinha, como coisa favorita na vida, a prática de esportes ou a conversa sobre treinamento com outros fanáticos por esporte. Depois de trabalhar décadas no setor de aluguel de carros, não admira que parecesse que ia implodir quando o conhecemos. Passava a maior parte do dia em um emprego de escritório que era uma combinação imperfeita com suas habilidades e que não chegava nem perto de lhe dar realização (emocional). Felizmente, havia um setor inteiro que lhe dava isso.

Em contraste, vejamos o exemplo de um conhecido que chamaremos de Jim, para quem descobrir como pôr sua carreira na interseção da AOD foi muito confuso. Jim estudou teatro musical na faculdade e, depois de se formar, mudou-se para Nova York para seguir carreira na Broadway.

Como no caso de inúmeros esperançosos, a Broadway não aconteceu para Jim. Assim, dali a dois anos, ele voltou à faculdade e se tornou arquiteto paisagista. Por quê? Ora, ele sempre foi bom no desenho e gostava da vida ao ar livre. Além disso, parecia que o trabalho seria constante. Ele disse a si mesmo que era uma solução suficientemente boa.

E foi, durante quinze anos. Jim se formou, arranjou emprego em uma boa empresa, tornou-se sócio minoritário, casou-se e teve dois filhos. Nos fins de semana, "desfrutava" (palavra dele) de seu coração voltado para os musicais cantando no coro da igreja.

Mas faltava alguma coisa. Ele sabia. A esposa sabia. E essa "coisa" era a realização profissional. Era a empolgação. Era a esperança.

Entra em cena a AOD. Com a técnica, Jim conseguiu identificar que era ótimo em uma coisa que o surpreendeu: unir equipes. Ele recordou que, na faculdade, os diretores brigavam para tê-lo em suas produções teatrais. Algo em seus modos animados e sem drama (em um mundo cheio de gente muito dramática) suavizava as diferenças e animava as pessoas a trabalharem juntas de forma produtiva. Os chefes de Jim na arquitetura também tinham notado esse dom: sempre que havia um cliente difícil ou complicações logísticas ou de personalidade, ele era incluído no projeto.

E as coisas que realmente adorava fazer? Bom, além de passar seu tempo com a família, Jim só queria cantar o tempo todo.

Superposição, talvez você pense, *cadê a superposição?*

Mas, com um pouco de pensamento criativo, o próprio Jim a identificou: administração do teatro musical. Ele não cantaria todo dia, mas estaria por perto do canto, o que era quase tão bom. Enquanto isso, poderia fazer diferença unindo as centenas de engrenagens envolvidas em todos os espetáculos.

Jim ficou empolgado com o resultado da avaliação AOD — "parece muito preciso", disse —, mas também sabia que a mudança não seria fácil, devido às obrigações financeiras. Ele imagina que levará de cinco a dez anos para passar da arquitetura paisagística para a administração teatral. Esses prazos não são raros nas pessoas cuja avaliação AOD revela uma "interseção" muito distante. Na verdade, às vezes parece quase impossível chegar à sua AOD; a reviravolta seria grande demais. Ainda assim, sugerimos que conhecer sua AOD é útil, mesmo que seja apenas para lhe dar um rumo.

Uma última história de sucesso da AOD ilustra o poder de disrupção (positiva) desse dispositivo aparentemente simples. Trata-se de um rapaz que chamaremos de Marcus, que foi para a faculdade com toda a intenção de se formar em Geologia. Por quê? Porque, no ensino médio, Marcus era bom em matemática e ciências, e, entre as carreiras dessas áreas, a geologia parecia a mais interessante. Além disso, ele tinha ouvido dizer que havia muito emprego no setor energético.

Antes da metade do primeiro ano, Marcus descobriu o que era ser "*muito* bom" em matemática e ciências e teve certeza de uma coisa: ele não era. Também aprendeu que a carreira em geologia exigia muito estudo e se sentiu desolado ao pensar em mais seis ou sete anos de luta para apenas se manter na matilha. Mais ou menos nessa época, ele esbarrou com sua AOD, ou melhor, esbarrou com pais preocupados que lhe mostraram o processo AOD.

Os três se puseram a buscar em que Marcus era extremamente bom, e a resposta veio depressa. Era a música, mais especificamente identificar músicas novas que se tornariam populares em alguns meses ou anos. Uma habilidade obscura, talvez, mas que Marcus exibia desde que começou a ouvir música quando criança. Ele tocava músicas "prestes a ficar famosas" em seu programa de rádio semanal, que começou a fazer com catorze anos e continuou a apresentar na faculdade. Na verdade, uma piada da família era que Marcus podia prever os ganhadores do prêmio Grammy com três anos de antecedência.

Quanto ao que Marcus adorava fazer, também era óbvio. Escutar música. Ele também adorava falar de música, mostrá-la aos amigos, ler blogs sobre ir a shows — quanto mais desconhecido o artista, melhor.

Hoje, Marcus avança para uma carreira promissora como programador musical. Dizer que está feliz é uma subestimação absurda.

Seus pais também estão felizes. Sabemos porque somos nós. Pois é.

Veja, há uma miríade de livros sobre carreira por aí, com uma miríade de ferramentas de avaliação. Não queremos reinventar a roda, só oferecer o modo mais eficaz que conhecemos de responder à pergunta: "O que devo fazer na vida?".

Passe a vida em sua Área de Destino. É onde a realização encontra a felicidade. É onde o trabalho deixa de ser trabalho e se torna vida em toda a sua plenitude.

MAIS DO QUE UM ESTILO DE VIDA

Alguns que leem este livro talvez não se lembrem dos velhos tempos de antigamente, quando ser empreendedor não era o que todos diziam que queriam ser. Mas essa época existiu, quando os dinossauros caminhavam pela Terra. Ou, falando sério, quando as carreiras praticamente aconteciam dentro de arranha-céus e prédios semelhantes cheios de gente de terno. Na década de 1970, a crise do petróleo fez muita gente correr para se formar em Geologia. Era na energia que estaria a ação (e o dinheiro)! Nos últimos trinta anos, os bancos de investimento e as empresas de consultoria foram o empregador preferido dos MBA e atraíram recém-formados como o aspirador suga do tapete as migalhas de biscoito.

Na maior parte da última década, o empreendedorismo teve seu momento (ou dois ou três). Para ser claro, essa dinâmica não é muito disseminada. Na verdade, como noticiou recentemente o *Wall Street Journal*, os dados do Federal Reserve de 2013 indicam que a parcela de pessoas com menos de trinta anos que têm empresas privadas chegou ao ponto mais baixo em 24 anos. Mas também é fato que um certo espírito de *start-up-or-bust* [comece ou desmorone, em tradução livre] tomou conta de muitas escolas de administração importantes. Em Stanford, por exemplo, considera-se um sinal de honra não ir a nenhuma entrevista de recrutamento; por que se dar ao trabalho, se você vai abrir seu próprio negócio? E, na Sloan School do MIT, um de nós (Jack) deu um curso no qual cerca de 1 em cada 6 alunos abriram empresas antes mesmo de se formar.

Por que tanto entusiasmo? Bom, ser empreendedor parece divertidíssimo, não é? Parece heroico. Você escreve as regras, e não há regras. Seu escritório fica em um galpão; as reuniões se realizam à mesa de pebolim. Você trabalha feito um burro de carga durante alguns anos, mas, certo dia, é você quem toca a campainha da bolsa de valores. Alguns anos depois, compram sua empresa e, depois da viagem de volta ao mundo e da compra de um time esportivo, você recomeça.

Isso é que é vida!

Mas há um porém.

Para ser empreendedor, *você precisa de uma ideia*. Uma ideia grande, voraz, que agrega valor, que explode a mente, que muda paradigmas. Precisa de uma ideia diferente e melhor do que todas as que já existem por aí.

E há um segundo porém.

Junto dessa ideia, você precisa de um tipo raro de destemor. Não falamos da tolerância comum aos riscos, nem mesmo de uma tolerância acima da média. Para ser empreendedor *de verdade*, é preciso a coragem do sangue frio, com paixão louca e determinação irracional para suportar as repetidas experiências de quase morte que, com certeza, ocorrerão pelo caminho até sua ideia se tornar realidade. Você pode ficar sem dinheiro algumas vezes. Cometerá erros burros. Fornecedores e parceiros lhe passarão a perna. Você não vai dormir. Não vai querer, precisar, nem ter a oportunidade.

O que estamos descrevendo aqui é garra. Para sermos justos, a maioria entende essa parte da equação empresarial. O que, em nossa experiência, a maioria não entende é a parte da "grande ideia". Na verdade, desde 2001 encontramos em nossas viagens centenas, talvez milhares de indivíduos (principalmente alunos) que nos contaram empolgados seu desejo de se tornarem empreendedores, mas entraram em pânico quando perguntamos: "Então, qual é seu produto ou serviço sem igual?".

Claro, houve ocasiões em que a resposta veio rápida. Um modo de vender roupas consignadas pela internet que mudaria o setor, por exemplo. Um aparelho médico portátil para tratar enxaquecas. Ouvimos de seus fundadores essas duas ideias ainda no começo e ficamos arrepiados. (Hoje, aliás, as duas empresas vão muito bem, obrigado.)

Mas, com mais frequência — muito mais frequência —, ouvimos algo como: "Ideia? Não, ainda não tenho. Talvez um novo aplicativo. Não tenho certeza. Mas *tenho* certeza de que quero ser empreendedor. Só não quero trabalhar para os outros".

Esse anseio, embora plenamente compreensível, não basta. Essa é a conclusão.

Observe, no entanto, que nossa admoestação, caso se aplique, não significa que você esteja condenado à rotina corporativa pelo resto da vida. Só significa que, provavelmente, você não deveria começar algo ainda. O que você começaria? Mas com certeza poderia procurar emprego em um ambiente empresarial.

Lembra-se de Bunny Williams, cuja história contamos no capítulo sobre globalização? Depois de uma longa carreira bem-sucedida como decoradora de interiores, Bunny decidiu lançar sua linha própria de móveis em 2010, com peças produzidas na Ásia e distribuídas em lojas do mundo inteiro. A melhor/nova ideia de Bunny foi que, se trabalhasse intimamente com os artesãos asiáticos para aumentar a qualidade, ela conseguiria produzir em massa peças de marca de alto nível para vendê-las a preço moderado a donos de casa ambiciosos.

Bunny também sabia o que não sabia: como financiar o estoque e como fazer a contabilidade da nova empresa, por exemplo. Na mesma hora, ela começou a montar em torno de si uma equipe de especialistas em cada uma dessas áreas.

Se você for um candidato a empreendedor sem ideias, pode fazer parte de uma equipe dessas. Pense em quantos candidatos a empreendedor começaram trabalhando em histórias de sucesso tecnológico nos últimos trinta anos. Esse é seu jeito de entrar, e é ótimo. Até hoje, Bunny credita à sua equipe o sucesso do empreendimento. "Eu sabia o que podia fazer: o design. O resto, entreguei a eles. Eles me ensinaram muito."

Claro que, como membro da equipe, você não fica com toda a glória nem com todo o patrimônio dos geradores da ideia que fundaram a *start-up*. Mas, no dia em que chegar o momento de comercializar sua grande ideia, você estará pronto. Não dá para colocar um valor em dinheiro nisso.

VOCÊ ESCOLHE

Nenhum capítulo sobre carreira estaria completo sem uma discussão do tema geralmente chamado de "equilíbrio entre vida e trabalho". Afinal de contas, quer você faça uma avaliação AOD da carreira, quer use outra ferramenta, ao escolher o que vai fazer com a maior parte de suas horas de vigília você também escolhe o que não vai fazer, ou fará menos, nas horas em que não estiver trabalhando.

Observe o uso da palavra "escolha". Em resumo, é por isso que preferimos a expressão "escolhas de vida e trabalho" a "equilíbrio entre vida e trabalho". Para nós, a primeira expressão admite que toda decisão de carreira traz consequências que o "decisor" entende e aceita. Por definição, "equilíbrio" indica que uma certa divisão é ideal, por volta de meio a meio.

Eis a questão: o equilíbrio meio a meio *é* ideal para alguns indivíduos. Na verdade, não é para nós. Como achamos nosso trabalho divertidíssimo, trabalhamos juntos e somos meio intensos, preferimos uma divisão 80-20% ou 70-30%. Mas, novamente, essa é uma escolha. É *nossa* escolha. Não gostaríamos que ninguém nos dissesse como deveríamos aplicar nosso tempo, e não temos prazer nenhum em dizer aos outros como organizar sua vida.

Basicamente, achamos que isso tudo é sobre valores pessoais. O indivíduo que valoriza o discurso intelectual, o aprendizado, o tempo passado a sós e amizades profundas com uma ou duas pessoas não fará as mesmas escolhas de vida e trabalho que a pessoa que valoriza dinheiro, fama e ser convidada para muitas festas. Do mesmo modo, o gerente de marca de vinte e poucos anos que sonha em se tornar CEO de uma grande empresa com quarenta e ama o barato emocional de saltar de paraquedas nos domingos não fará as mesmas escolhas de vida e trabalho que o MBA que gosta de levantar recursos para instituições sem fins lucrativos pela flexibilidade que lhe dá para criar os filhos.

Mais uma vez, quem vai dizer quais valores são certos ou errados? Nós é que não vamos. Se alguém prefere um "equilíbrio" meio a meio de vida e trabalho, com todas as suas consequências, que seja. É o mesmo com 20-80% ou 80-20%.

Mesmo assim, saia em público e tente dizer isso. Foi o que fizemos e fomos massacrados.

O ano era 2021 e fomos convidados a falar na conferência "Mulheres na Economia" do *Wall Street Journal*, em Palm Beach, na Flórida. Não tínhamos nenhuma pauta a defender no evento nem a mínima intenção de gerar manchetes e postagens sarcásticas em blogs, mas foi exatamente o que aconteceu quando usamos o argumento "escolha entre vida e trabalho" que você acabou de ler. Mais especificamente, dissemos que o sucesso no local de trabalho vinha de exceder nos resultados, aceitar missões difíceis e exigir revisões detalhadas e constantes dos gerentes para avaliar sua posição na empresa. Também dissemos que adotar horário reduzido e disponibilidade limitada para cuidar da família (ou de outros interesses) era uma ótima escolha, mas não aceleraria a ascensão de ninguém à sala do andar de cima, *tanto para homens quanto para mulheres.*

Bom, fale sobre um massacre online de comentários, digamos, desfavoráveis.

Mas então aconteceu uma coisa engraçada. Mulheres CEO importantes disseram que concordavam conosco, algumas de forma muito pública. Assim, a controvérsia sumiu.

Portanto, para neutralizar o tópico: a escolha entre vida e trabalho só tem a ver exatamente com... escolha. Toda decisão que você toma na carreira tem consequências. Sociais, econômicas, emocionais. Essas consequências precisam se alinhar a *seus* valores.

O resto é ruído.

Veja, o mundo tem seu quinhão de pessoas que sabem exatamente o que fazer da vida.

Desejamos esse tipo de realização para todos. É uma pena que seja tão fugidia.

Por isso recomendamos com tanto entusiasmo a técnica da Área de Destino. É um mecanismo catalítico para tirar você do lugar horrível e solitário de "o que devo fazer da vida?" e levá-lo para o território dinâmico e estimulante de "*adoro* o que faço da vida".

Portanto, cave mais fundo. Analise e avalie. Em que você é realmente bom, o que você adora fazer, e que campo dos sonhos não cultivado fica na interseção dos dois?

Se a resposta a essas perguntas lhe indicar a rota do empreendimento, insistimos para que continue escavando mais. Você tem uma grande ideia nova? Tem coragem para começar algo novo? Se não tiver, de que empreendimento jovem e ousado você pode participar até que seu *a-há* espetacular apareça?

Finalmente, insistimos que você mergulhe fundo para entender que tipo de "equilíbrio" quer em sua vida. É meio a meio ou algo diferente? E, igualmente importante, pergunte-se: "Quais são minhas escolhas e suas consequências? Elas combinam com meus valores?".

Afinal de contas, a pessoa que vive a resposta dessas perguntas é você.

12

DESPRENDA-SE

PELO CAMINHO DA vida, quase todo mundo já viu a representação do purgatório no *Inferno* de Dante: um buraco imenso, sem água, cheio de almas esquecidas que buscam freneticamente um jeito de sair, principalmente por cima.

Triste, não é? E conhecido, também, se sua carreira estagnou.

Você é um contribuidor individual que quer gerenciar uma equipe. Um especialista funcional que anseia passar para a administração geral. Um gerente intermediário que acha que já passou da hora de obter responsabilidade sobre lucros e perdas. Mas, quando pergunta sobre a hora certa ou insiste na questão com seu chefe ou com o RH, a resposta é sempre "ainda não, ainda não. Espere mais um pouco".

Mas você já espera há um tempo longuíssimo.

É de matar a alma essa espera. Você ama os negócios e tem certeza de que pode fazer mais. Talvez até sinta que está em sua Área de Destino. Mas, como os habitantes do purgatório de Dante, se sente preso.

Não se desespere.

A verdade sobre o purgatório (o tipo de carreira aqui na Terra, queremos dizer) é que ele sempre acaba. Em algum ponto, se não houver movimento, enlouquecido pela frustração, você pula. Dá um passo para o lado de dentro da empresa só pelo ímpeto de sair da prisão ou se demite e vai para outra empresa que só é melhor pela simples razão de não ser seu emprego atual. Ou, em algumas situações, a estagnação da carreira acaba porque a empresa perde a paciência e, pouco a pouco ou de uma vez só, manda você embora. Nenhuma dessas possibilidades é muito atraente. Entendemos.

E por isso este capítulo é sobre forjar outro caminho que leve à promoção a que você anseia.

Será fácil? Provavelmente, não. Mas você pode fazer acontecer. O processo começa com o entendimento de por que sua carreira estagnou; um *verdadeiro* entendimento. Depois, você tem seis opções para agir. Pode tentar todas, mas duas ou três devem ser suficientes para romper o impasse.

Não é preciso dizer que ninguém gosta de mudanças, e várias mudanças ao mesmo tempo provavelmente soam tão divertidas quanto tomar banho de sol no Círculo Polar Ártico. Mas Dante acertou sobre o purgatório: "Aqui há tormentos, é certo", escreveu ele, "mas não a morte".

Você não pode deixar que esse verso descreva sua vida.

PORQUE AS CARREIRAS ESTAGNAM

Cada história de estagnação da carreira tem suas particularidades, seus fatores mitigatórios, suas circunstâncias extraordinárias.

Mas, em termos gerais, as carreiras estagnam por poucas razões, que vamos examinar aqui antes de chegar às providências que acreditamos ajudarem a inverter a situação.

Primeiro, as carreiras estagnam quando a empresa não tem um cargo para você crescer. Há um "bloqueio" mais acima, em geral, seu chefe, que faz um bom trabalho e não tem planos de se aposentar, trocar de setor nem mudar de cidade. Seu chefe pode até ter um bloqueio acima dele. Essa situação pode ser absolutamente enlouquecedora, mas acontece o tempo todo nos negócios. O principal culpado é a falta de crescimento; a empresa, o setor ou a economia em geral está em condições difíceis, imóvel ou mesmo em contração. Nessas situações, a mobilidade ascendente é necessariamente difícil de aparecer. Mas o bloqueio também é endêmico em empresas familiares, onde os altos cargos são preenchidos por indivíduos "predestinados".

Se estiver em uma situação de bloqueio, você só tem uma opção: decidir por quanto tempo se dispõe a aguentar a paralisia. E queremos dizer *decidir*. Ponha uma data de validade em sua paciência. "Se nada mudar dentro de um ano, vou fazer minhas sondagens e, em dois anos, caio fora daqui", você pode concluir.

Nessa avaliação, também é preciso levar em conta sua posição dentro da empresa. Se uma promoção se tornar disponível, é provável que seja sua? Tem obtido revisões de desempenho nota dez ou só na faixa dos sete?

Tem uma reputação consolidada que seria difícil abalar? Seu chefe é conhecido por promover seu melhor pessoal ou por engavetar carreiras até que ele fique com os louros? Cada um desses dados é fundamental para determinar os termos do "contrato de perseverança" que você fará consigo.

É importante saber que não há regras sobre o tempo correto para esperar a saída do bloqueio. A questão é você escolher explicitamente um prazo com base em seus valores, posição, circunstâncias e restrições, assim como o futuro da empresa. Dessa maneira, a estagnação não vai acabar, mas, com um horizonte claro e um possível plano de saída, a angústia diária com certeza vai se reduzir.

Outra razão geral para as carreiras estagnarem são as noções erradas sobre a importância de especialização multifuncional. Vemos esse fenômeno o tempo todo. Mary é uma excelente analista financeira. Jeff é um astro do marketing. Na faculdade de administração, tanto Mary quanto Jeff ouviram várias vezes que o caminho mais rápido, inteligente e comprovado até a alta administração era buscar e obter sucessivamente tempo em todas as funções. "Você precisa de dois ou três anos em cada função, mais algum tempo no exterior", diziam. "Precisa construir um currículo de competências redondinho."

Que ridículo. Sim, há algumas empresas que gostam de exibir na feira seu melhor potencial parando em cada barraca. Mas, com muito mais frequência, as empresas promovem pessoas que são sabidamente muitíssimo boas no que fazem e as promovem escada acima até o alto. O fato é que, se for um guru das finanças, você não precisará de dois anos no marketing para entender a importância da função para os resultados. Você já sabe disso por intuição ou observação astuta. O tipo supercriativo do marketing também não precisa se arrastar um par de anos na fábrica para saber que a qualidade é importante. Por favor. Mesmo assim, por causa do senso comum de "currículo redondinho", vimos muitos especialistas funcionais excelentes saírem de sua área e sumir no éter organizacional.

Veja, se você é muito talentoso em alguma coisa e passa intencionalmente para uma área onde não é tão talentoso, é como o astro do hóquei no gelo que larga o esporte para entrar na NBA e jogar basquete. (Ou como Michael Jordan, que decidiu se tornar jogador profissional de beisebol; todos recordamos como isso acabou.) Nossa questão é: não vá jogar basquete de patins. É o jeito mais certo de estagnar na carreira. E, se está descobrindo isso por conta própria agora, o conserto é óbvio. Volte a seu lugar. Logo estará no jogo outra vez, e sua carreira também.

E há carreiras que estagnam por um problema de atitude. Tudo bem, estamos sendo educados. Falamos de quem odeia o chefe. Sabe, as pessoas que, por fora, seguem as regras, mas por dentro transbordam de nojo e desdém pela empresa e por seus líderes.

A questão de quem odeia o chefe, como percebemos depois de escrever e falar mais de uma década sobre essas pessoas, é que elas raramente sabem que são assim. *Elas* não são o problema, em sua opinião. O problema é a empresa. Os encarregados são idiotas e incompetentes. Só pensam em dinheiro; não entendem nada sobre os clientes nem sobre os produtos. E, francamente, a maior parte dos colegas não é muito melhor. Todos puxam saco dos grandes e não sabem nada de útil.

Como dissemos, não esperamos que quem odeia o chefe se identifique. Mas, na probabilidade distante que esses sentimentos soem conhecidos, bem-vindo ao entendimento do porquê sua carreira estagnou. E bem-vindo também à aceitação de que, sem uma grande mudança de mentalidade, você *está* realmente estagnado. Porque, mesmo que seja inteligente e capaz — e os odiadores de chefes tendem a ser —, nenhum chefe jamais porá a mão no fogo por quem zomba dele. Isso não vai acontecer.

Mas chega de odiadores de chefes. Por sorte, eles são relativamente poucos. Vamos, finalmente, tratar da razão mais comum para as carreiras estagnarem. Desempenho.

Ou, mais precisamente, baixo desempenho.

Agora, ter baixo desempenho não significa que você não se esforce muito no trabalho. Você pode estar dando tudo de si. Mas o último lugar onde o esforço contou mais do que o resultado foi no ensino fundamental. Aqui é a vida real.

Mas esse é o problema. Na vida real, muita gente com desempenho baixo não sabe que tem desempenho baixo. A razão, como dissemos no capítulo 9, é que há gerentes demais por aí que não dizem a seu pessoal qual a posição de cada um. Estão ocupados demais. Ou acham que as pessoas deveriam descobrir sozinhas. Ou são "bondosos" demais para a franqueza direta, ou assim dizem.

Nenhuma dessas razões faz sentido. Na verdade, como já dissemos, defendemos que a falta de clareza sobre o desempenho é cruel e injusta. As pessoas merecem saber como estão indo em algo que fazem oito a dez horas por dia. Por favor.

Mas, infelizmente, é assim que é. Se estiver no purgatório de uma empresa em crescimento, sem ser bloqueado, sem patins de gelo no jogo de basquete e sem odiar os chefes, você pode supor que, aos olhos dos poderes constituídos, não é suficientemente bom para ser promovido.

Não é suficientemente grande.

Não estamos falando sobre *suficientemente grande* em termos de personalidade. Na verdade, às vezes ter uma grande personalidade pode prejudicá-lo ao tentar subir na empresa. As pessoas podem ler sua extroversão como arrogância ou ver você como um sabe-tudo ou um fanfarrão. As pessoas com grande personalidade podem se tornar grandes alvos.

Estamos falando de *suficientemente grande* em termos de ter fôlego e profundidade para assumir o próximo cargo.

Fôlego e profundidade.

Sejam quais forem os detalhes específicos de seu emprego, é essa combinação que seus chefes esperam ver.

1. NÃO CUMPRA. EXCEDA

Pergunte-se: até que ponto você atende às expectativas de seu chefe a cada dia, mês ou trimestre? Você atinge as metas? Cumpre as cotas? Consegue os pedidos?

Se sim, péssimo. Isso não basta.

Se quiser demonstrar fôlego e profundidade, a primeira mudança que precisa fazer é não atender às expectativas. É preciso superá-las. É preciso se exceder nos resultados. Isso significa que, a cada missão, você tem que redefinir os parâmetros para que seja maior, mais empolgante, mais relevante, mais *tudo* para tornar seu chefe mais inteligente e facilitar o trabalho dele.

Lembre-se: quando lhe pede que faça um serviço, em geral seu chefe já tem uma noção da resposta. E imagina que você confirmará essa resposta com sua análise, dando detalhes ou números para facilitar a questão a apresentar aos chefes dele. Ou mesmo que não tenha noção da resposta a uma indagação específica, seu chefe tem na cabeça uma ideia de como será seu serviço.

Exceder significa pegar o pensamento ou ideia presumido na cabeça do chefe e elevá-lo a outro nível.

Pense no caso de dois formandos brilhantes que conhecemos que conseguiram estágio de um ano, com possibilidade de promoção ou demissão, em uma empresa de busca de executivos em Chicago. Depois de treinar

– 157 –

com a equipe uns três meses, foi pedido a cada um que fizesse uma lista de candidatos para uma vaga aberta na empresa de um cliente.

Nosso primeiro estagiário — vamos chamá-lo de Tom — recebia sinais um tanto confusos sobre seu futuro. Até agora, disse o gerente, seu trabalho estava na faixa nota oito a nove. Bom, ele sabia, mas não o suficiente para conseguir um emprego permanente.

A outra estagiária, Cindy, entrou na empresa com a auréola das melhores universidades sobre sua cabeça. Foi convidada para alguns almoços especiais com os executivos, e muitos se impressionaram com sua inteligência inata. Mas sua produção no trabalho era fraca, não passava de uma nota 7,5.

Quando a data final se aproximou, Tom mal conseguia dormir. Não queria morar para sempre no porão da casa dos pais, porém, mais do que isso, ansiava pelo impacto que viria com um emprego permanente. Foi aí que ele percebeu: o chefe ficaria *satisfeito* com a lista de candidatos pedida, mas ficaria *empolgado* com um quadro mais amplo e profundo do setor e, especificamente, com um que sugerisse onde seria possível encontrar novos negócios.

Assim, Tom começou a criar esse quadro. Fez uma extensa pesquisa para montar uma lista de supercandidatos para o cliente, anotada com sua avaliação da probabilidade de interesse de cada um com base na taxa de crescimento do cliente e outros fatores. O relatório final de Tom também incluía o organograma de seis empresas do mesmo setor, com ênfase nas que tinham crescimento mais rápido.

Enquanto isso, Cindy pesquisou nos antigos arquivos da empresa, deu uma olhada no LinkedIn e ligou para um analista do setor que conhecia desde a faculdade. Basicamente, sua lista gritava: "Rotina".

Você sabe o fim da história. Cindy trabalha em outro campo. Tom foi contratado e está no caminho; agora, tem dois estagiários trabalhando com ele. A diferença é que ele descobriu que, para avançar, não adianta entregar o dever de casa no prazo.

É preciso definir o crédito extra e, depois, ir além.

2. Voluntarie-se para o trabalho duro

Exceder as expectativas é algo que você pode tentar todo dia, mas, de vez em quando, surge a oportunidade de mostrar seu fôlego e sua profundidade sendo voluntário para resolver uma tarefa difícil.

Uma tarefa difícil com muita visibilidade e, especificamente, uma de que ninguém chega perto. A iniciativa de que só o chefe gosta. A *joint venture* que todo mundo acha que vai para o saco. A fábrica com problemas de produção localizada em um ponto muito fora do caminho. O novo grande cliente famoso pelas demandas exageradas e pelos prazos impossíveis.

Infelizmente, muita gente no purgatório da carreira se afasta dessas possibilidades. Imaginam: "Por que empilhar um fracasso público sobre uma situação precária?".

Essa pergunta faz sentido até você perceber o lado bom de ter sucesso em uma tarefa radioativa. Ela tem o potencial de reconfigurar você de seguidor a líder, de improvisador a vencedor, de talvez a sim.

É verdade que você pode fracassar. Não é o fim do mundo; você poderá acrescentar uma linha de novas habilidades e experiências a seu currículo enquanto procura o próximo emprego.

Mas, no melhor dos casos, o impacto será eletrizante. Na verdade, você vai se perguntar por que esperou tanto para fazer uma grande aposta empolgante em si mesmo.

3. ADQUIRA SEGUIDORES DO JEITO MAIS DIFÍCIL

Uma terceira mudança que você pode fazer para romper o impasse na carreira é a aquisição de seguidores. Você precisa mostrar à empresa que as pessoas, tanto colegas quanto chefes, escutam quando você fala.

Por sorte, se você adotou a primeira mudança, de exceder nos resultados, a aquisição de seguidores virá de forma bastante automática. Em geral, todos querem ouvir o que os maiores contribuidores da empresa dizem.

Portanto, fale.

Ou seja, *prepare-se* e fale.

Lembra-se do chefe de RH de que falamos no capítulo 3? Ele trabalhou em um fabricante de equipamentos de refrigeração do meio-oeste norte--americano, recentemente adquirido por um fundo de *private equity*. Esse líder mudou o jogo da empresa quando descobriu que os processos de avaliação de desempenho não estavam suficientemente ligados às operações e demonstrou seus achados com um gráfico que todos entendiam só de olhar.

Ideias como essa, o tipo de ideia que melhora as empresas e promove carreiras, não vêm do nada. O chefe de RH partiu de uma mentalidade competitiva. Pensava como o líder da empresa, movido pela pergunta "por que esses projetos não avançam mais depressa?". Então, mergulhou nos dados; passou dias com eles. Procurava uma ideia incrível e a encontrou. E sua melhor prática, além de fazer dele um herói na empresa, o colocou diante de todos os CEO do portfólio da empresa de *private equity*.

Mas os dados são apenas uma mina para você garimpar e construir seu arsenal de ideias inteligentes. Todos os setores têm formadores de opinião para ler, pesquisas acadêmicas para vasculhar. Há podcasts, livros, palestras, blogs, MOOCs (*massive open online courses*, ou imensos cursos abertos online). Nunca perca um dia do *Wall Street Journal*.

O mundo está inundado de ideias. Nade nelas. Não de vez em quando. O tempo todo. Procure inteligência superior em toda parte, sintetize as ideias que colheu, amplie-as com seu pensamento e sua análise e leve-as à empresa de maneira relevante.

E tenha opinião sobre tudo. Isso realmente importa. Ninguém quer ouvir um robô. A Microsoft deveria ter comprado a Nokia? Qual é a melhor aposta a longo prazo, Facebook ou Twitter? Os investidores ativistas são bons ou ruins para a economia? Estamos falando desse tipo de tópico que configura o setor. Se uma grande fusão acabou de ocorrer em seu setor, conheça os participantes envolvidos e forme opinião sobre a ideia ser boa ou má. Se disserem que um concorrente está trabalhando em uma nova tecnologia, procure as informações específicas e descubra de que tamanho você acha que é a ameaça. Acompanhe os principais líderes de seu campo e siga-os na mídia impressa e na internet. Com o tempo, você começará a ter uma ideia do que acreditam sobre o futuro e se tendem a acertar ou errar. Divida essas ideias com sua equipe.

Lembre-se, você não está revelando ideias e opiniões para exibir seu grande cérebro. Como o líder de RH com o gráfico que mudou o jogo, você as revela para contribuir para o sucesso da empresa.

Agindo assim, as pessoas vão erguer os olhos quando você falar. E logo, quando se tratar da carreira, começarão a pensar em "subir" também.

4. ACOMPANHE A TECNOLOGIA

A próxima mudança de que vamos falar provavelmente é mais relevante para quem tem mais de quarenta anos. Ou mais de 35.

Na verdade, para quem decidiu deixar o conhecimento tecnológico para as "crianças".

Grande erro. Não conhecer a tecnologia é um modo seguro de perder seu lugar à mesa onde todas as questões organizacionais e estratégicas importantes são discutidas. É a cola do purgatório.

Alguns anos atrás, entrevistamos várias agências de publicidade para representar nosso programa de MBA online. Bem no início do processo, observamos que todas as reuniões se resumiam a uma discussão sobre algumas siglas tecnológicas principais, como CPM (custo por mil), CPC (custo por clique) e CVR (taxa de conversão). Quando comentamos esse fato com uma possível agência, um dos poucos grisalhos da reunião sorriu com sarcasmo. "Os geeks comandam o mundo", disse ele.

Comandam, mesmo. Embora a publicidade ainda tenha seus momentos de inspiração artística — pense naqueles anúncios incríveis durante o Super Bowl —, cada vez mais o setor é movido pela ciência e pela análise de dados, sob a forma de testes A/B, otimização da taxa de conversão e modelagem de atribuição, entre outras mágicas técnicas. As consequências para os que entraram na publicidade há dez ou vinte anos, ou mesmo cinco, são imensas. Se quiser avançar na publicidade, você só vai subir se acompanhar essa maré incansável de inovação tecnológica.

É a mesma história de setor em setor. Você tem que se forçar a aprender o que não sabe, mesmo que a função analítica que você não entende assuste. Senão, na hora da conversa séria, seu lugar será no corredor e, logo, na calçada.

Vejamos a história de uma executiva que conhecemos há décadas; vamos chamá-la de Linda.

O ano era 2011. Linda, na época com cinquenta e poucos anos, comandava o RH de uma fábrica de quinhentos milhões de dólares com cerca de duzentos vendedores pelo país para vender rebimbocas. Ela adorava o emprego; a equipe administrativa era excelente; e, ao contrário de tantos outros lugares onde tinha trabalhado, Linda sentia que o CEO realmente valorizava a contribuição do RH em decisões importantes.

Mas ela também estava com uma preocupação crescente. Recentemente, todas as reuniões da alta diretoria terminavam tratando das informações vindas do recém-adotado sistema de CRM da empresa. Em termos amplos, Linda tinha noção dos benefícios do sistema, mas via que os colegas eram fluentes em suas nuances. Cada vez mais, ficava claro que eles conheciam o desempenho de cada vendedor de um modo que ela não entendia.

Então, um dia, a falta de familiaridade profunda de Linda se revelou. Ao examinar os dados de um relatório recente do sistema, os colegas começaram a discutir se o gerente de vendas do nordeste deveria ser transferido ou mesmo demitido. Para Linda, com base em anos de avaliações tradicionais de desempenho, esse gerente tinha um desempenho sólido, e a equipe e os clientes gostavam dele. No entanto, parecia que os dados mostravam que fazia muito tempo que ele e seu pessoal tinham atingido um platô na busca de novos negócios. Além disso, era claro que a região toda tivera menos sucesso na aplicação da nova estratégia de produto da empresa.

A reunião deixou Linda em pânico. Por um lado, ficou aliviada porque ninguém lhe pediu opinião. Obviamente, seus "dados" estavam desatualizados a ponto de serem inúteis. Por outro, não lhe pedirem opinião era um presságio — um mau presságio.

Na manhã seguinte, Linda procurou o diretor de marketing e combinou um tutorial de dois dias sobre o novo sistema de CRM, um na empresa, o outro no fornecedor do sistema. Ela também pediu que o vice-presidente de marketing lhe mostrasse um relatório recente do sistema, o que fora discutido na reunião sobre o gerente de vendas do nordeste, com destaque nas tendências mais relacionadas às metas estratégicas da empresa. A sessão durou quatro longas horas, e Linda investigou o significado de praticamente todos os números em todas as páginas.

"Eu queria ficar completamente fluente no sistema", disse Linda. "Eu *precisava*. Estava à beira de não ter mais importância, de não ser levada a sério."

Nossa questão aqui, obviamente, não é sobre os sistemas de CRM em si. É sobre acordar todo dia se perguntando o que você não sabe sobre a tecnologia de seu setor, achando que *isso pode matá-lo*. Linda poderia ficar em seu silo do RH e só se preocupar com os termos e questões que já compreendia. Mas hoje isso é o mesmo que acenar com uma bandeira branca nos negócios. Linda recuperou seu lugar à mesa com os outros diretores, e você também vai recuperar, sabendo que entender de tecnologia não é mais opcional.

5. A REALIDADE SOBRE OS MENTORES

Às vezes, é claro que expandir seu conhecimento (seja na tecnologia, seja em qualquer outra área) exige mais do que o tipo de curiosidade teimosa de Linda. Na verdade, às vezes é preciso voltar a estudar, seja para obter um grau mais avançado, seja para ganhar um certificado, ou para fazer um seminário independente. Somos fãs ardorosos da educação continuada, principalmente, dada a economia, se você puder ter aulas enquanto mantém o emprego em tempo integral ou em meio expediente. Hoje, ninguém quer perder o impulso da trajetória na carreira.

Mas, se a educação continuada não for uma opção (e mesmo que seja), ainda há a quinta mudança que vamos sugerir para dar a partida em sua carreira. Trate todo mundo como mentor.

Aí está. A palavra que começa com M. Quase hesitamos em usá-la.

Porque "mentoria" é a palavra da moda. Pais, tios, tias, orientadores de carreira, gurus da liderança: todo mundo lhe diz a mesma coisa. Encontre um VIP na empresa, forme um vínculo e então relaxe enquanto ele ou ela orienta e protege você em sua subida rumo ao céu.

O problema é que esses mentores de armadura brilhante são tão raros quanto os cavaleiros de armadura brilhante. Eles aparecem quando (e só quando) um jovem empreendedor demonstra uma capacidade extraordinária e a química pessoal é perfeita. Larry Summers, por exemplo, foi um mentor importante de Sheryl Sandberg no início da carreira dela. Eles se conheceram quando Larry era professor de Sheryl em Harvard, onde ela era uma aluna de destaque, para falar o mínimo; depois, contratou-a para trabalhar com ele no Banco Mundial e, mais tarde, no Departamento do Tesouro dos EUA. Em geral, entende-se que Sheryl, com seus enormes conhecimentos e inteligência, contribuiu tanto para o sucesso de Larry quanto ele para o dela.

Portanto, sim, esse tipo de mentoria que seus pais sonham para você... pode acontecer. Mas é raro, raríssimo.

É por isso que nosso melhor conselho é: não importa em que ponto esteja na carreira, considere mentores *todas* as pessoas em sua esfera — jovens, velhas e medianas, em sua área de conhecimento e fora dela. Nesse círculo de mentores, observe as melhores práticas. Se alguém em seu campo é um grande orador, estude o que a pessoa faz direito e incorpore a suas apresentações. Se outro gerente de sua divisão sempre integra muito bem os novos funcionários, copie suas técnicas. Se você tem um colega ou superior que realiza ótimas reuniões, considere esse indivíduo seu guia e professor.

Veja, todo mundo sabe alguma coisa que você não sabe. Todo mundo.

Descubra essa coisa e agarre-a para tornar seu trabalho melhor e mais inteligente. Vá trabalhar todo dia decidido a encontrar um jeito melhor de fazer tudo o que faz, do trivial para cima. E, com o tempo — não na mesma hora, mas algum dia — seu fôlego e profundidade vão melhorar muito.

E sua carreira também.

6. AME TODO MUNDO

A última estratégia que vamos sugerir para romper a estagnação de sua carreira é a mais difícil. Amar todo mundo.

Amar todo mundo é bem diferente da mentalidade de mentoria que acabamos de descrever. A mentalidade de mentoria tem a ver com se engajar com uma comunidade de colegas na tentativa de pôr o cérebro deles dentro do seu.

Amar todo mundo não tem nada a ver com o cérebro. Tem a ver com o coração.

Os antropólogos lhe dirão que as pessoas se separaram em tribos desde a aurora do tempo. Reunimos aliados e eliminamos inimigos para proteger nossos interesses. Fazemos fofoca para saber o que está realmente acontecendo. Basicamente, eles afirmarão que é da natureza humana fofocar, criticar, cochichar, vender informações, formar panelinhas, criar complôs e se dedicar às intrigas palacianas.

E daí?

Não. Faça. Isso.

Sabemos que é difícil! Somos culpados de quase todas as acusações acima. Fofocamos, criticamos, cochichamos etc. e tal. Mas isso não nos fez nenhum bem, porque não faz bem a ninguém.

Portanto, eis outra abordagem, uma que realmente funciona. Fazendo o que estiver ao seu alcance, recuse-se a falar dos outros, a não ser que seja em termos positivos. Recuse-se a participar de coalizões sub-reptícias. Recuse-se a esfaquear pelas costas e a fazer politicagem. A princípio, as pessoas ficarão perplexas com sua ausência das panelinhas. Mas, com o tempo, passarão a ver você como digno de confiança. Uma pessoa que quer trabalhar e não manipular o local de trabalho.

Uma pessoa que demonstra integridade e liderança.

Qualidades que embasam as promoções.

O purgatório, escreveu Dante, era um lugar a ser evitado a qualquer custo. Se estiver com a carreira estagnada, você vai entender.

Nossa meta aqui é descrever como *sair* com seis ações que acreditamos que ajudarão você a demonstrar fôlego e profundidade novos e melhores. Utilize todas elas ou escolha algumas e vá com tudo.

Porque se desprender é transformador. Isso faz com que você se lembre por que entrou nos negócios. Para crescer. Para fazer diferença. Para criar uma vida ótima. Para se divertir.

Nada disso acontece quando você sente que está parado. Portanto, não se limite a cumprir suas funções e torcer pelo melhor. Exceda as funções e espere mais. Seja voluntário para o trabalho duro. O pior que pode acontecer é ganhar experiência; o melhor é uma nova reputação. Adquira seguidores com ideias inteligentes e opiniões fortes; seja ouvido. Não deixe o conhecimento tecnológico para os jovens nem permita que seja uma função da idade; adote-o como se você fosse uma criança. Considere todos como mentores; encha seu cérebro com o deles. E, finalmente, por mais difícil que seja, troque a politicagem e a fofoca por gentileza e incentivo.

O amor tem seu jeito de circular.

13

SÓ ACABA QUANDO TERMINA

TERMINAMOS ESTE LIVRO com um capítulo sobre inícios. O fato é que poucas carreiras se desenrolam exatamente como planejado. Poucas, pelo menos as que conhecemos, vão direto morro acima sem esbarrar em pelo menos uma lombada pelo caminho, em geral mais. Em outras palavras, a maioria troca de emprego em algum momento. Uma vez, duas, talvez várias vezes em um período de quarenta a cinquenta anos. Às vezes, é por vontade própria; em outras, não. Então, vem a aposentadoria. O grande final.

Cada um desses finais nos põe novamente na linha de partida.

Que ótimo.

É, falamos sério. Recomeçar permite nos reinventar, limpar a lousa e pintar uma nova obra-prima. O que poderia ser mais empolgante? Mesmo quando não escolhemos as circunstâncias, a reinvenção é uma oportunidade de crescer e criar uma vida mais abundante, com mais realização. Ver o fim de outra maneira — digamos, com medo, temor ou ódio — sim, é humano, mas a negatividade é sempre uma derrota. Ela nos come vivos.

Recentemente, um de nós falou na Universidade Cornell a um grupo de alunas do curso de administração. O tema da palestra foi: "O que eu gostaria de saber aos 21 anos". O primeiro item: "você não pode falhar".

Isso mesmo: *Você não pode falhar*. Claro, dissemos, você pode cometer erros imensos. Comandar um projeto que dá com os burros n'água. Contratar um pateta que destrói o rumo da equipe. Ser demitido. Aposentar-se e, ao acordar, descobrir que está perdido, cansado, morrendo de tédio. Não importa. Só acaba quando termina em sua cabeça.

Não deixe que acabe. Cada final é uma oportunidade de recomeçar, mais sábio, mais experiente e com mais coragem para o próximo ato.

Deu para ver que a mensagem "você não pode falhar" foi um choque para a plateia em Cornell. O mundo que vivenciavam, como nós todos às vezes vivenciamos, parece uma imensa máquina de rejeição, aguardando para nos cuspir fora.

Essa máquina não existe. Só a vida existe. E só acaba quando termina, e queremos dizer *realmente* termina.

Até lá, quando surge um fim, temos a opção de nos encolher, enlouquecer, não fazer nada... ou aceitar o que o fim pode ser.

Um convite para se refazer.

AO INFERNO, IDA E VOLTA

Em geral, esse convite se apresenta em três situações na carreira. Vamos começar com a pior: ser dispensado.

Certo, "dispensado" é um eufemismo. Em sua cabeça, mesmo que não diga a palavra em voz alta, você foi demitido. E, embora ser demitido seja mais comum agora do que antigamente, é uma das experiências mais dolorosas que você terá na vida, cheia de tristeza, vergonha e raiva.

Ela pode nos paralisar. "Não tenho para onde ir", pensamos. "Acabou."

Vejamos a história de Graham.

Durante quase quinze anos, Graham foi executivo de relações públicas de uma empresa regional de *branding* e comunicação até que, em certa manhã de 2010, não foi mais.

"Estou em choque", ficava repetindo quando nos telefonou com a notícia da demissão. "Como isso me aconteceu?"

A resposta a essa pergunta, na verdade, era simplíssima. Graham não tinha mau desempenho — estava entre os 40% melhores da empresa —, mas seu salário era um problema grande e gordo. Com o longo tempo de casa, provavelmente era 35% mais alto do que o de um bom substituto, e provavelmente o substituto seria mais agressivo para gerar novos negócios. Quando a economia piorou, isso fez de Graham o principal alvo do adeus.

De qualquer modo, ele não viu que poderia acontecer. E sua reação, ao lado da descrença, foi a que seria de esperar. "Nunca mais vou sair de casa", disse ele, e não era brincadeira. "Na cidade, todo mundo sabe que fui chutado."

Veja, como dissemos, é apenas humano sofrer algum tempo depois da demissão. Na verdade, você pode sofrer até cair de joelhos. Mas, nessa questão, seguimos a escola do amor rude. Lamente, chore, sinta raiva... tudo bem. Mas, é preciso juntar coragem e bravura para acabar com a lamentação. Acabe antes de ter vontade. Porque, como uma senhora inteligente disse na igreja certa vez, "o problema da lamentação é que, em pouco tempo, notamos que não há mais ninguém para ouvir".

Sem dúvida, há várias maneiras de "superar" a demissão para você começar sua reinvenção. Orientação, amizade, família, exercício, oração, meditação ou talvez o bom e velho momento "pare com isso!". Mas, em nossa experiência, não é possível avançar depois da demissão se não assumirmos sua posse.

Isso mesmo, a posse. Você precisa entender por que foi demitido e aceitar a responsabilidade de seu papel nisso. Lembre-se de que, no capítulo 2, falamos do poder de assumir sua pancada, como o fracasso no lançamento de um produto. É o mesmo aqui, só que agora é pessoal.

Entendemos que é muito natural ter vontade de culpar algo ou alguém por sua situação. Um chefe panaca. Um colega conspirador. A péssima situação econômica. Mas a culpa, como sua prima negatividade, é uma emoção que nos prende no mesmo lugar. Ela nos impede de enquadrar a demissão como experiência de aprendizagem e ponto de partida para nós, só que em uma encarnação nova e melhorada.

Portanto, aja. Crie uma declaração de propriedade. "Fui demitido porque não cumpri os prazos e meu chefe perdeu a confiança em mim." Ou: "Fui demitido porque nunca acreditei de verdade no produto e essa atitude transpareceu de várias maneiras, pequenas e grandes". Ou: "Cumpri as metas todo trimestre, mas acho que nunca me senti muito à vontade em dar ideias".

Mesmo que a demissão não tenha sido totalmente causada por você, assuma todas as partes que foram.

Finalmente, foi o que Graham fez. "A economia atingiu todo o meu setor, e não ficamos imunes. Mas achei que meu tempo de casa me protegeria. Não vi os sinais. Eu deveria ter pensado sobre a empresa como um todo, pensado como o CEO", disse ele. "A verdade é que meu tempo de casa fez de mim o corte perfeito, porque eu não gerava os novos negócios necessários. Não merecia ser mantido."

Assumir o fim é como um banho frio de realidade. Revigorante.

E empoderador. Você fica eletrizado para corrigir, e até em excesso, o erro de seu comportamento quando voltar a avançar. Fica mais bem informado, mais autoconsciente, simplesmente melhor.

Se a indiferença era o ponto fraco de Graham, hoje ninguém perceberia. Quando a cláusula de não concorrência expirou, ele abriu sua própria empresa e hoje procura clientes com uma ferocidade que lembra a expressão "fome de lobo". Faturou 1,5 milhão de dólares no ano passado e acabou de expandir para outra cidade.

Isso nunca teria acontecido se Graham se deixasse definir pela demissão. Em vez disso, ele a definiu como um novo capítulo, sendo ele o escritor.

UNIFORME NOVO

A segunda situação de nossa carreira que pede reinvenção ocorre quando trocamos de empresa.

Hein?

Ora, você pode se perguntar, por que se reinventaria quando isso acontece? Se foi contratado por outra empresa, com certeza você já tem todas as coisas certas. E, se foi mantido depois de uma aquisição, tudo deve estar bem.

É verdade nos dois casos. Mas aí é que está: entrar em uma nova empresa, seja por contratação, seja por aquisição, é como se tornar cidadão de outro país. Você pode cantar o hino nacional quando seu avião pousa em solo estrangeiro, mas ainda há pilhas e pilhas para aprender antes de se considerar nativo. Uma nova linguagem, novos costumes, novas pessoas, novas práticas e novos processos. Novas sutilezas na cultura que você ainda nem consegue ver.

Portanto, faça-se um favor e abandone a ideia de que consegue pensar e agir da mesma maneira de sempre. Considere a possibilidade — e, talvez, a adote — de aprender e crescer, bastando baixar as defesas e se abrir à mudança.

Não, não estamos sugerindo que você abandone seu eu autêntico, seus valores pessoais nem o conhecimento valioso que acumulou com o passar dos anos. Isso não faz sentido. Estamos sugerindo que você veja sua "cidadania" na nova empresa como oportunidade de aumentar e expandir seu repertório de habilidades, experimentar novos comportamentos e abalar seus pressupostos de como tudo deve ser feito.

Considere o caso de um executivo que conhecemos em um de nossos seminários de dois dias sobre liderança. O homem passou a carreira quase toda em uma empresa familiar do setor vinícola da Califórnia. Na verdade, ele era diretor de vendas e comandava uma equipe de cem vendedores quando a empresa foi comprada por um conglomerado europeu. Por um lado, a aquisição foi uma ótima notícia para o executivo, pois o novo dono prometeu investir recursos significativos no marketing. Por outro, o novo dono também instalou uma equipe administrativa de europeus que, na estimativa de nosso executivo, era bastante severa e pouco atraente. Eles extinguiram a rotina da conversa sobre esportes antes das reuniões, reduziram o popular refeitório da empresa e exigiram uma abordagem do atendimento ao cliente que, para o pessoal da antiga, parecia fria e impessoal.

Um desastre em formação na carreira?

Na verdade, não, porque o executivo, nessa situação, decidiu que preferia se reinventar do que ir embora. Adorava Napa Valley, acreditava no produto da empresa e sentiu que o comprador talvez conseguisse criar um grande futuro para ele e para toda a organização. Assim, pôs de lado a atitude "não é assim que a gente faz" e se dispôs a aprender o porquê atrás de cada nova prática. Em reuniões e conversas privadas, ele sondou gentilmente com perguntas como: "Você pode me ajudar a entender o pensamento por trás de nosso novo método de previsão?" e "Você pode me mostrar como chegou a essa avaliação do mercado do meio-oeste? Ela me parece nova e empolgante." Em outras palavras, o executivo sinalizou que estava ansioso para participar do programa, investiu energia e demonstrou mente aberta.

É uma reação vencedora quando se encontra algo novo: dizer "uau" em vez de "epa". Claro, os velhos hábitos e pontos fortes talvez fossem adequados. Mas foi em outro lugar.

Construa em cima dessa base. Saiba que seu novo lugar chama o novo você — aberto a mudanças, de dentro para fora.

DEPOIS DA FESTA DE DESPEDIDA

E agora, aposentadoria.

Para a maioria, a aposentadoria é a experiência contrária a ser demitido: é um adeus com lágrimas de alegria.

Adeus à rotina. Adeus às reuniões e mais reuniões. Adeus a ter pessoas controlando seus horários. Adeus às fábricas e à batida incansável das exigências de produtividade. Adeus às mesmas ligações de vendas. Adeus a carregar o celular sentado no chão do aeroporto para esperar seu avião, que se atrasou em Chicago.

Finalmente, você é dono de seu tempo.

Às vezes, a aposentadoria também traz um tipo de alívio intelectual. Pode chegar a época em que você não tem mais ideias novas e não lhe resta nada a acrescentar à empresa onde está. Talvez você tenha passado da idade normal da aposentadoria e, ao olhar em volta, note que se tornou um bloqueio e impede o avanço dos mais jovens da empresa, que esperam que você finalmente saia para que possam ter a carreira de seus sonhos. Você tem uma responsabilidade com essas pessoas e sabe disso.

Portanto, vá em paz.

Só não se aposente.

Reinvente-se.

Diga adeus... e depois diga oi. A algo novo. Algo significativo. Algo grande.

Se nunca trabalhou em sua Área de Destino, a aposentadoria é a hora de começar. Volte a estudar; aprenda o que for necessário. Aprenda uma nova atividade e crie o tipo de vida que sempre quis.

Abra uma empresa, como nosso amigo Graham. Pode ser no terreno já conhecido ou em um campo totalmente novo. Compre uma franquia. Seja sócio de uma startup que possa aproveitar suas décadas de *know-how*. Dedique-se a ser voluntário em uma causa que faça seu coração dar saltos mortais.

Só não pare de crescer.

Jogue golfe. Plante um jardim. Viaje pelo país ou pelo mundo. Escreva um romance. Todas essas atividades pelas quais você ansiava. Só evite a paralisia como se fosse praga. É a paralisia que faz tantos aposentados ficarem agarrados aos velhos tempos, alimentando-se da saudade de uma época que nunca existiu.

Isso não ajuda ninguém; largue disso.

Deixe-se ir com sua energia para um lugar totalmente diferente. A aposentadoria permite — caramba, praticamente suplica — que você viva no passado A reinvenção impele você a viver no presente e no futuro.

Tecnicamente, nós dois nos aposentamos em 2001. (Ou melhor, um de nós se aposentou; o outro foi demitido por fugir com o que se aposentou.) À nossa frente, só víamos território não mapeado, gritando por exploração. E realmente exploramos, ainda mais com o lançamento de nosso programa de MBA online. Viramos empreendedores! Isso é que é reinvenção. Não tínhamos estado lá nem feito nada disso.

Claro, não somos os únicos no reinício da aposentadoria. De jeito nenhum. Todos conhecemos muitas histórias de pessoas com "segundas carreiras" profundamente gratificantes. Andy Pearson, da PepsiCo, Bill George, da Medtronic, e Kevin Sharer, da Amgen, se aposentaram das grandes empresas e se tornaram professores da Harvard Business School. Cal Ripken Jr., astro do beisebol que se aposentou em 2001 depois de 21 temporadas nos Baltimore Orioles, abriu uma empresa com dois complexos esportivos voltados para os jovens, palestras e programas de televisão. Também possui dois times da liga menor. Ficamos com a sensação de que, para Cal Jr., uma lenda quando se aposentou aos quarenta anos, a história só está começando.

Essas reinvenções dificilmente são exclusivas de CEOs e astros dos esportes. Conhecemos recentemente um empreendedor do setor de seguros que vendeu sua empresa, se aposentou e voltou a estudar para ser fisioterapeuta. Hoje, trabalha no Hospital for Special Surgery, em Nova York, e nunca foi tão feliz. Conhecemos um policial aposentado de Nova York que construiu uma carreira de sucesso como representante do proprietário na supervisão de projetos de construção complicados. Um patologista vegetal aposentado que abriu uma fazenda cafeeira em Honduras. Um executivo aposentado do setor médico que entrou na faculdade de teologia. Um diretor de TI aposentado que se tornou músico de jazz.

Poderíamos continuar, mas a questão é essa: a carreira termina, mas não a vida.

Só significa que uma nova vida pode começar.

Sim, admitimos que algumas coisas realmente terminam.

Este capítulo sobre o entusiasmo da reinvenção, para citar uma coisa.

E este livro, para citar outra.

Juntos, avançamos muito desde que partimos com a meta de fazer de *O MBA da vida real* seu parceiro enquanto você participa do maior jogo da Terra: o dos negócios. Ninguém, como dissemos, faz negócios sozinho. Esse é o verdadeiro esporte em equipe, e muito obrigado outra vez por nos deixar participar de seu time.

Com esse fim, apresentamos praticamente tudo o que sabemos sobre competição e estratégia, globalização e crescimento, finanças e marketing. Expusemos nossas melhores ideias sobre liderar com a busca da verdade

– 172 –

e a construção da confiança como seus guias, criar uma equipe uau e administrar os "gênios, vagabundos e ladrões" que podem tornar o trabalho, digamos, mais interessante. Afinal, entramos nas trincheiras da carreira para, esperamos, ajudar você a descobrir o que fazer com ela, avançar e garantir que nunca termine.

Porque trabalhar é ótimo. É a vida. É o que fazemos.

Cada dia melhor.

AGRADECIMENTOS

Neste livro, defendemos que os negócios são um esporte em equipe. Bom, escrever um livro também é. Ainda bem que na última década conseguimos ocupar o campo com tantas pessoas maravilhosas. Inteligentes, sábias, ousadas, generosas e criativas. Pessoas cheias de ideias. Pelas muitas maneiras de nos ajudarem a forjar os conceitos e práticas deste livro, amamos vocês e lhes agradecemos.

Primeiro, há os líderes e empreendedores, de empresas grandes e pequenas, cujas histórias e ideias enchem as páginas que você acabou de ler: Dave Calhoun, Erik Fyrwald, Joe DeAngelo, Michael Petras, Dennis Gipson, Scott Mannis, Vindi Banga, Paul Pressler, Bunny Williams, Joey Levin, Michael Zeliff, Susan Jacobson e Griff Long. Cada um de vocês é um farol de inteligência, e sabemos que sua experiência servirá de guia valioso para os colegas viajantes na estrada longa, sinuosa e, às vezes, acidentada até o sucesso nos negócios. Nossa ampla gratidão, também, aos colaboradores deste livro, que, por várias razões compreensíveis, pediram que seu nome real ou completo não aparecesse junto de sua história.

Nos últimos mais de dez anos, também fomos cercados por pessoas que simplesmente nos tornaram mais inteligentes — muitíssimo mais inteligentes — por suas palavras e ações. Don Gogel, da empresa de *private equity* Clayton Dubilier & Rice, foi um ótimo professor da dinâmica e das negociações do setor de PE, enquanto exibia o toque perfeito da arte complexa de administrar uma parceria. Barry Diller, fundador e CEO da IAC, tem sido um incrível parceiro de negócios, e sua mente incisiva, energia e coragem competitiva nos ensinou horrores sobre o empreendedorismo e o espaço online. Bill Conaty, um dos autores de *A arte de cultivar líderes: como se tornar um mestre na criação de talentos*, dirigiu o RH da GE durante duas décadas e se manteve amigo íntimo e sócio nos negócios até então. Seu profundo conhecimento sobre a gestão de pessoas, compartilhado em inúmeras conversas, inspira nosso pensamento e, assim, inúmeros trechos de *O MBA da vida real*.

Muitas histórias e ideias deste livro nasceram de conversas robustas com o corpo docente, os funcionários e os alunos do Jack Welch Management Institute da Strayer University. Somos gratos à dra. Andrea Backman, decana do JWMI, e seu CEO, Dean Sippel, por transformar o JWMI na instituição empolgante que se tornou, e a Rob Silberman, presidente executivo da Strayer, e seu CEO Karl McDonnell pelo apoio constante nesse processo.

Ouvimos falar de "Área de Destino" quando Terry E. Smith, pastor da Life Christian Church em Orange, no estado americano de Nova Jersey, e autor de *10: How Would You Rate Your Life?* [10: como você classificaria sua vida?, em tradução livre], falou em nossa igreja em uma manhã de domingo. Agradecemos a você, Terry, por nos permitir tão graciosamente tomar emprestado e adaptar seu conceito ao contexto dos negócios.

E também há Hollis Heimbouch, excelente editora da HarperBusiness. Com elegância, humor e virtuosismo editorial, Hollis pastoreou este livro desde algumas anotações rabiscadas em um guardanapo de papel até a forma completa. Ela é a melhor do setor. Por falar em superlativos, Bob Barnett, da Williams & Connolly, foi fundamental no lançamento deste livro, e somos gratos por isso (novamente).

Também recebemos um magistral polimento editorial de Megan Slatoff--Burke, diretora de marketing do JWMI, cuja inteligência afiadíssima simplesmente melhorou este livro.

Todo time precisa de torcida, e fomos abençoados com uma torcida ótima sob a forma de nossa maravilhosa família misturada. Obrigado a todos por nos amar em nossos surtos de queixumes, resmungos e reclamações e por comemorar conosco quando tudo acabou.

Finalmente, este livro não seria possível sem a paciência e a ajuda irrefutável de Rosanne Badowski. Rosanne entrou no time Welch (como assistente de Jack) em 1988. É, 1988. E, sim, ela ainda faz a coisa toda funcionar. Obrigado, Rosie Ro. Juramos, chega de livros.

Pelo menos, nos próximos anos.

Este livro foi impresso pela Cruzado, em 2023, para
a HarperCollins Brasil. O papel do miolo é pólen
natural 70g/m², e o da capa é cartão 250g/m².